本书获教育部人文社科青年基金项目和江西理工大学优秀学术著作出版基金资助

基于 DMAIC 流程的我国耕地保护利益冲突管理研究

吴泽斌　著

经济科学出版社

图书在版编目（CIP）数据

基于 DMAIC 流程的我国耕地保护利益冲突管理研究／吴泽斌著 .—北京：经济科学出版社，2015.7
ISBN 978 – 7 – 5141 – 5968 – 4

Ⅰ. ①基… Ⅱ. ①吴… Ⅲ. ①耕地保护 – 经济利益 – 冲突 – 研究 Ⅳ. ①F323.211

中国版本图书馆 CIP 数据核字（2015）第 185122 号

责任编辑：凌　敏　程辛宁
责任校对：郑淑艳
责任印制：李　鹏

基于 DMAIC 流程的我国耕地保护利益冲突管理研究
吴泽斌　著
经济科学出版社出版、发行　新华书店经销
社址：北京市海淀区阜成路甲 28 号　邮编：100142
教材分社电话：010 – 88191343　发行部电话：010 – 88191522
网址：www.esp.com.cn
电子邮件：lingmin@esp.com.cn
天猫网店：经济科学出版社旗舰店
网址：http://jjkxcbs.tmall.com
北京季蜂印刷有限公司印装
880×1230　32 开　5.625 印张　160000 字
2015 年 8 月第 1 版　2015 年 8 月第 1 次印刷
ISBN 978 – 7 – 5141 – 5968 – 4　定价：18.00 元
（图书出现印装问题，本社负责调换。电话：010 – 88191502）
（版权所有　侵权必究　举报电话：010 – 88191586
电子邮箱：dbts@esp.com.cn）

前　言

　　耕地是土地的精华，是农业发展最重要的资源，是民族生存与发展的物质基础。保护耕地是我国的一项基本国策。实行世界上"最严格的耕地保护制度"是我国政府基于现实条件的一种理性选择。近年来，中央"一号文件"多次提到要落实耕地保护责任制。2013年11月12日中共十八届三中全会通过的《中共中央关于全面深化改革若干重大问题的决定》要求"坚持和完善最严格的耕地保护制度"及"完善粮食主产区利益补偿机制"。保护耕地，完善耕地保护制度，是每个土地资源管理者和研究者义不容辞的历史责任和义务。目前我国耕地保护制度安排主要有土地利用规划制度、耕地总量动态平衡、土地用途管制制度、农地转用审批制度、开发复垦整理制度、占用耕地补偿制度、农用地管理和鼓励农民种粮的有关政策等。这些制度的建立是从我国人多地少、耕地后备资源不足的国情出发的，具有积极的作用，但不可忽视的事实是我国耕地保护效果却并不乐观。尤其是近年来，随着我国工业化、城镇化进程的加快，人口的持续增长和生态环境质量日益下降等多种原因，导致我国耕地资源的数量不断减少、质量也时有降低。由于农业经济效益比较低，耕地保护目标和地方经济发展目标不完全一致，我国实施最严格的耕地保护政策却未能取得预期成效。国内众多学者从不同学科视角出发进行了原因解析，但越来越不可忽视的一个重要原因是耕地保护所涉及的各种利益冲突未能得到科学的认知和化解，耕地保护主体利益在土地开发利用过程中未能得到公平的保障和有效的协调。

如何更好地处理耕地保护主体之间的利益关系,科学合理地协调耕地保护中出现的不同利益冲突,以耕地保护为契机建立区域协作与联动机制,促进生产要素的合理流动,已成为提高我国耕地保护绩效乃至农业发展的重要课题。各国针对各自的国情,包括文化、历史、资源条件和法制特征,建立了不同特色的耕地保护和统筹区域土地利用制度。国外的制度安排主要有多目标规划,公众参与方式,城市增长边界的管理,土地利用管制和协调机构和监督机制的构建等。国内学者主要围绕耕地保护的利益补偿与耕地价值重建方面展开了大量的研究,同时,学者们还提出了其他的一些利益协调机制,例如,城乡统筹发展,建设用地指标区域调配,耕地异地占补平衡,政府制度安排对土地收益的调控,农业区划、经济区划及主体功能区建设与管理和土地开发权交易机制等制度。通过对这些制度的研究,在我国基本形成了以宪法为基本大法,以土地管理法和农业法为基础,各种政策以及地方性法规为支撑的耕地保护制度体系。

国内外学者对耕地保护利益冲突的研究,虽然在制度设计方面取得了丰硕的成果,但是这些研究较少从冲突视角出发探讨耕地保护的利益冲突,这方面的研究显得较为分散和零碎,欠缺专门化、系统化的研究。国内对耕地保护领域的研究,多侧重于强调耕地保护的"共同责任",对"区别责任"的重要性和研究意义的重视相对薄弱。同时,现有研究对耕地保护的困境和成因的定性分析较多,而从耕地保护的成本收益角度来探讨耕地保护的困境、成因和冲突化解方面的定量研究还相对较少,需要进一步加强研究。

本书从冲突管理视角出发,力图在耕地保护过程中发现冲突、认知冲突、驾驭冲突,以期缓解冲突和化解冲突。尽可能减少冲突对耕地保护行为造成的损害,强化耕地保护利益冲突管理能力的建设。另外,耕地保护利益冲突的管理涉及多元化的利益主体、多样化的利益诉求和多途径的利益实现方式,是一项庞大而又复杂的系统网络工程,必须有条理、有计划地推进。程序化、系统化地管理耕地，保护利益冲突就显得尤为必要。本书将六西格玛管理的 DMAIC（定义：Define、测量：Measure、分析：Analysis、改进：Improve、控制：Control 五个阶段）流程应用到耕地保护利益冲突管理中，力图使耕地保护利益冲突管理流程化，并最终提高我国耕地保护的绩效，规避耕地保护领域内"资源诅咒"现象的发生。

吴泽斌

2015 年 3 月

目 录

第一章 绪论 …………………………………………… （1）

    第一节 研究背景和研究意义 ……………………………（1）
    第二节 文献综述 …………………………………………（3）
    第三节 研究内容、拟解决的关键问题和研究方法 ……（16）

第二章 基于 DMAIC 流程的耕地保护利益冲突管理
        ——"定义"阶段 ………………………………（21）

    第一节 利益相关者理论概述 ……………………………（21）
    第二节 耕地保护利益矛盾的识别 ………………………（23）
    第三节 耕地保护利益相关者的界定 ……………………（24）
    第四节 耕地保护利益相关者之间的冲突形态 …………（28）
    第五节 本章小结 …………………………………………（38）

第三章 基于 DMAIC 流程的耕地保护利益冲突管理
        ——"测量"阶段 ………………………………（40）

    第一节 耕地保护政策执行力的测度与评析 ……………（41）
    第二节 影响耕地保护绩效的障碍度因子诊断分析 ……（51）
    第三节 本章小结 …………………………………………（53）

第四章 基于DMAIC流程的耕地保护利益冲突管理——"分析"阶段 …… (55)

第一节 我国耕地保护外部环境的区域非均衡 …… (55)

第二节 耕地保护成本收益核算的非对称 …… (63)

第三节 现行我国土地管理制度的不完善 …… (70)

第四节 本章小结 …… (81)

第五章 基于DMAIC流程的耕地保护利益冲突管理——"改进"阶段 …… (82)

第一节 耕地资源价值的重构和凸显 …… (83)

第二节 基于粮食安全的耕地保护区域经济补偿标准测算 …… (105)

第三节 本章小结 …… (121)

第六章 基于DMAIC流程的耕地保护利益冲突管理——"控制"阶段 …… (122)

第一节 耕地保护利益冲突控制总原则：共同但有区别责任原则 …… (122)

第二节 耕地保护利益冲突控制的技术支持：耕地保护责任审计 …… (138)

第三节 本章小结 …… (146)

第七章 促进耕地保护利益冲突DMAIC管理模式运行的政策建议 …… (147)

第一节 政策建议 …… (147)

第二节　本章小结 …………………………………… (151)

第八章　研究总结与展望 ………………………………… (152)

第一节　研究总结 …………………………………… (152)

第二节　研究展望 …………………………………… (155)

参考文献 ……………………………………………………… (157)

第一章 绪　　论

第一节　研究背景和研究意义

一、研究背景

保护耕地是我国的一项基本国策。我国《土地管理法》第一条明确提出要"合理利用土地，切实保护耕地，促进社会经济的可持续发展"。耕地资源是土地资源的精华，是农业生产发展主要的资源，人类消费的农产品绝大部分来源于耕地。实施积极的耕地保护政策是我国政府基于现实条件的一种理性选择。尤其是近年来，随着我国工业化、城市化进程的加快，人口的持续增长和生态环境质量日益下降等多种原因，导致我国耕地资源的数量不断减少。我国耕地资源在数量不断减少的同时还面临着耕地荒漠化、沙漠化、盐碱化的严重威胁。严峻的耕地资源形势不容乐观。

随着对农业多功能性认识的深化，世界上很多国家都制定了符合自己本国国情的耕地保护政策。我国农业生产优势的发扬以及存在问题的解决，中心环节就是耕地资源的培育和保护、扩大和进一步开发利用（赵松乔，1984）[1]。然而由于农业经济比较效益低，耕地保护对于经济快速增长和区域竞争力的提高有一定的影响，耕地保护目标和地方经济发展目标不完全一致。

同时，我国采取的是全国统一的耕地占补平衡政策，耕地指标

---

[1] 赵松乔. 我国耕地资源的地理分布和合理开发利用 [J]. 资源科学，1984 (1)：13–20.

的分解更多是一种行政划分,忽略了耕地资源在生态环境、比较优势和耕地保护机会成本的区域差异。由于我国是耕地集中分布区,也是人口密集、工业化和城市化发展潜力大的地区,耕地保护和土地非农开发存在着激烈的空间竞争,建设用地过度扩张和耕地急剧减少成为威胁区域经济又好又快发展的主要问题。我国的耕地后备资源主要分布在北方和西部的干旱地区,其中蒙新区的耕地后备资源占全国的52.05%,黄土高原区占全国的12.03%(温明炬和唐程杰,2005)[①],而建设占用的大部分是光热条件好的东部地区耕地,如果要保持耕地生产能力平衡的话,那么在东部占一亩地,就要西部地区的几亩来抵(张琳,张凤荣和薛永森等,2007)[②]。有些地区土地整理和开发以补充耕地为目标,也造成了陡坡开荒、过度围垦,出现水土流失加剧、土地质量退化等生态问题。

我国实施最严格的耕地保护政策却未能取得预期成效,其深层次原因是耕地保护所涉及的各种利益冲突没能得到科学的管理,耕地保护主体的利益在土地开发利用过程中未能得到公平的保障和有效的协调。另外,冲突管理工作是一个连续不断的理性思维的过程,涉及的因素、环节和内容复杂多样,必须有条理、有计划地进行。程序化、系统化地管理耕地保护利益冲突就显得尤为必要。

六西格玛管理的 DMAIC 模型通过定义(Define)、测量(Measure)、分析(Analysis)、改进(Improve)和控制(Control)五个阶段来认识问题、确定问题、分析原因、寻找解决方案和进行控制监督,整个过程对冲突管理具有很好的应用性和操作性。将六西格玛管理的 DMAIC 流程应用到耕地保护利益冲突管理中,有助于耕地保护利益冲突的管理更加科学化和流程化。

---

① 温明炬,唐程杰主编.中国耕地后备资源[M].北京:中国大地出版社,2005:56-57.

② 张琳,张凤荣,薛永森等.中国各省耕地数量占补平衡趋势预测[J].资源科学,2007,29(6):114-120.

因此，本书将六西格玛管理的 DMAIC 流程应用到耕地保护利益冲突管理中，力图使耕地保护利益冲突的管理更加科学化和流程化，并最终提高我国耕地保护的绩效，规避耕地保护领域内"资源诅咒"现象的发生。

二、研究意义

对耕地保护利益冲突及其管理问题进行研究，在理论上有助于丰富耕地保护管理内容和方式，在实践中有助于管理好耕地保护利益冲突，把冲突作为耕地保护中的正常现象来看待，而且运用适当的管理方法认知耕地保护中出现的冲突，并控制冲突和解决冲突，充分发挥冲突的积极功能，从而为土地管理者在制定有关土地资源管理的政策时，能够有更广阔的视野和更开放的思路，最终达到提高耕地保护绩效的目的。

第二节 文献综述

本书的文献研究主要涉及六西格玛管理的 DMAIC 模型、冲突管理理论与实践、耕地保护利益冲突管理等方面的内容。

一、六西格玛流程管理的相关研究

在六西格玛中，流程是采取改进行动的主要对象。流程在六西格玛中是成功的关键。最古老的流程思想可以追溯到弗雷德里克·泰勒的科学管理时代。泰勒提出对工作流程进行系统分析，成为工业工程的主要思想。在工业工程领域，制造工作被分为设计、加工、装配和测试四种活动。流程管理在当时主要是指对原料加工、零件加工、分装和总装活动在整个车间内的组织和物流工程的控制。伴随着科学管理的出现及管理科学的发展，流程管理作为管理本身的一个属性，也自发地萌发和发展，出现了一系列流程管理的方法和技术。大部分学者基本认同，流程管理既是一种方法，同时也包括一定的技术。例如，Elzinga 等（1995）[①] 认为流程管理是一种以提高产品和服务质量为目标，分析、改善、控制和维持流程的系统化、结构方法。Zairi（1997）[②] 强调流程管理是一种分析和不断改进公司运营业绩的结构化方法。黄艾舟和梅绍祖（2002）[③] 指出，流程管理是一种以规范业务流程为中心，以持续的提高组织业务绩效为目的的系统化方法。王玉荣（2002）[④] 把流程管理划分为四个阶段，从过程的角度对其进行了剖析，形成一套"认识流程、建立流程、运作流程、优化流程"的体系，提高流程管理是"方法、技术与工具"的结合。Bob Puccinelli（2003）[⑤] 认为流程管理是人、应用程序、技术和流程活动相互作用的整合。

二、六西格玛 DMAIC 模型

六西格玛管理法的一个重要创新是提供了一个模块化的攻关程式与相应工具，从而提供了一种结构性的、有章可循的解决企业问题的方法论。根据不同的需要六西格玛管理可以分为三类：第一，用于制造过程的 DMAIC（界定阶段 Define、测量阶段 Measure、分析阶段 Analysis、改进阶段 Improve 和控制阶段 Control）；第二，用于设计过程的 DMADV（定义 Define、测量 Measure、分析 Analysis、设计 Design、验证 Verify）；第三，用于营运和服务性行业的 DMAIC。

如何把该方法在我国应用起来，如何有效地实施六西格玛管理法的 DMAIC，将一个组织的所有组成要素紧密连接起来，成为组织持久的业绩改进基因，何桢和车建国等国内学者进行了积极有效

---

① Elzinga D. J., Horak T., Chung-Yee L., Bruner C. Business Process Management: Survey and Methodology [J]. IEEE Transactions on Engineering Management, 1995, 24 (2): 119.

② Zairi M. Business process management: a boundaryless approach to modern competitiveness [J]. Business Process Management Journal, 1997, 3 (1): 64–80.

③ 黄艾舟，梅绍祖. 超越 BPR——流程管理的管理思想研究 [J]. 科学学与科学技术管理, 2002 (12): 105–107.

④ 王玉荣. 流程管理 [M]. 北京：机械工业出版社, 2002.

⑤ Bob Puccinelli. Stages forBPM success [J]. AIIM E-Doc Magazine, 2003, 17 (3): 12.

的探索。近年来，对六西格玛 DMAIC 模型的研究主要集中在技术发展和实践运用两个层：首先，技术发展层面：何桢和车建国（2005）[①] 提出了 DMAIC Ⅱ 的实施流程，强调精益生产与六西格玛管理整合时在组织结构、工具运用和实施流程等方面需要注意的要点；苏万春（2008）[②] 融 PDCA 循环与 DMAIC 循环于六西格玛管理中，创建出服务补救系统的三种模型；吴玉梅（2009）[③] 专门介绍了 DMAIC 过程中控制阶段的含义、内容和目标，分析了控制阶段的主要步骤，总结了控制阶段的工具和方法。其次，实践运用层面：曹康（2006）[④] 探讨了六西格玛 DMAIC 模型在我国制造企业中的运用；张素姣，田霞和冯珍（2010）[⑤] 探讨六西格玛 DMAIC 方法在产品质量改进中的应用；李爱香（2005）[⑥]、吴伟强和李从东（2006）[⑦]、李伟峰（2009）[⑧] 等分别研究了六西格玛理念和方法体系在服务性企业、运输企业零售业管理中的应用；焦健（2007）[⑨] 讨论了六西格玛管理方法在供应商管理中的应用；庄迅

[①] 何桢，车建国. 精益六西格玛：新竞争优势的来源 [J]. 天津大学学报（社会科学版），2005（5）：321-325.
[②] 苏万春. 基于六西格玛管理的服务补救系统模型构建 [J]. 沿海企业与科技，2008（7）：60-64.
[③] 吴玉梅. DMAIC 过程中控制阶段研究 [J]. 现代商贸工业，2009（23）：56-58.
[④] 曹康. 精益六西格玛方法在 SM 公司生产线的应用 [J]. 包装工程，2006（5）：32-34.
[⑤] 张素姣，田霞，冯珍. 六西格玛 DMAIC 方法在产品质量改进中的应用 [J]. 科技管理研究，2010（6）：56-59.
[⑥] 李爱香. 浅谈六西格玛管理在服务性企业的运用 [J]. 经济管理论坛，2005（10）：6-7.
[⑦] 吴伟强，李从东. 面向运输企业的六西格玛管理法应用研究 [J]. 生产力研究，2006（6）：189-190.
[⑧] 李伟峰. 我国零售业六西格玛管理研究 [D]. 天津：天津大学论文，2009.
[⑨] 焦健. 六西格玛管理方法在供应商管理中的应用研究 [D]. 上海：上海交通大学论文，2007.

(2010)①分析了如何在项目冲突管理中应用DMAIC模型。隋丽辉和王东梅（2013）②研究了六西格玛DMAIC方法在提高产品加工过程能力中的应用。

三、冲突管理的相关研究

现代冲突管理理论研究主要起源于西方国家，目前的主要理论和方法也主要来自于西方学者的研究。例如，Dahrendorf的《社会冲突理论的探讨》（1958年）、《工业社会中的阶级和阶级冲突》，GeorgSimmel的《论冲突》（1955年），Coser的《社会冲突的功能》（1956年）、《社会冲突研究中的连续性》（1967年），Robin William的《社会秩序与社会冲突》（1970），Lipset的《一致与冲突》（1995）。冲突理论产生后，在西方社会学界引起了巨大反响，很快渗透到社会学各分支学科的经验研究中去。Coser（1959）③最早使用了"冲突理论"这一术语，认为冲突只具有破坏作用的片面观点，认为冲突具有积极正面的功能；Dahrendorf（1958）④吸取了Weber关于权威和权力的理论，以此为基础建立其阶级和冲突理论；Rahim（1979）⑤等人认为对组织不同层次上冲突数量的认识和对人们冲突管理风格的认识有助于更好地理解组织冲突管理以及探讨了如何最大限度地利用组织冲突来促进组织发展。

---

① 庄迅. DMAIC模型在项目冲突管理中的应用［J］. 项目管理技术，2010，8（9）：75-79.

② 隋丽辉，王冬梅. 六西格玛DMAIC方法在提高产品加工过程能力中的应用［J］. 上海电机学院学报，2013，16（5）：277-278.

③ ［美］科塞著. 孙立平等译. 社会冲突的功能［M］. 北京：华夏出版社，1989.

④ ［德］达仁多夫著. 林荣远译. 现代社会冲突——自由政治随感［M］. 北京：中国社会科学出版社，2006.

⑤ Rahim M. A. Managing Conflict in Organization［M］. New York：Praeger Publisher，1992.

Jehn（1994）① 开发了团体内冲突量表（Intragroup conflict scale，ICS），对团体内成员之间的冲突进行测量。Jehn（1997）②、Kurtzberg 和 Muller（2005）③ 都认可，在联合作业的团体（或团队）内部人际冲突往往直接影响着个体和团体的行为和绩效。Barki 和 Hartwick（2004）④ 把冲突理论运用到人际冲突管理中，划分成了七种不同的人际冲突类型。

我国对冲突管理的研究起步较晚，且主要研究集中在人力资源管理学、组织行为学和社会学等学科领域。张玉堂（2001）⑤ 探讨了利益冲突及其协调问题。中国西南森林资源冲突管理研究项目组（2002，2004）⑥⑦ 把冲突管理理论运用到森林资源管理中。马新建（2002）⑧ 从思想规则、整体思维过程和系统规划方法等方面讨论了现代冲突管理的思维方法；殷少明（2008）⑨ 从关系营销理论的

---

① Jehn K. A. Enhancing effectiveness: An investigation of advantages and disadvantages of value-based intra group conflict [J]. The International Journal of Conflict Management, 1994, 5: 223-238.
② Jehn K. A. A qualitative analysis of conflict types and dimensions in organizational groups [J]. Administrative Science Quarterly, 1997, 42 (3): 530-557.
③ Kurtzberg, Muller J. S. The influence of daily conflict on perceptions of creativity: A longitudinal study [J]. The International Journal of Conflict Management, 2005, 16 (4): 335-353.
④ Barki H., Hartwick J. Conceptualizing the construct of interpersonal conflict [J]. The International Journal of Conflict Management, 2004, 15 (3): 216-244.
⑤ 张玉堂. 利益论：关于利益冲突与协调问题的研究 [M]. 武汉：武汉大学出版社，2001.
⑥ 中国西南森林资源冲突管理案例研究项目组. 冲突与冲突管理——中国西南森林资源冲突管理的新思路 [M]. 北京：人民出版社，2002.
⑦ 中国西南森林资源冲突管理研究项目组. 冲突管理：森林资源管理新理念 [M]. 北京：人民出版社，2004.
⑧ 马新建. 冲突管理：基本理念与思维方法的研究 [J]. 大连理工大学学报（社会科学版），2002，23 (3): 19-26.
⑨ 殷少明. 基于关系营销理论的渠道冲突管理 [J]. 商业时代，2008 (28): 23-24.

角度对冲突管理进行了分析;王倩茹(2010)① 将冲突管理理论应用在公共决策咨询;刘智勇和陈晓红(2010)② 基于利益分配的效用理论,提出了群决策冲突处理机制即沟通、协调与利益补偿机制。

四、耕地保护利益冲突管理的相关研究

(一) 耕地保护利益冲突的相关研究

从国外耕地资源和耕地保护的相关文献资料来看,特别是土地竞用冲突方面,涉及了较多的有关耕地保护困境和冲突的论述。Nelson (1985,1986)③④ 等学者认为城市用地扩展导致耕地流失,同时农地面积的减少会给城市开敞空间和区域生态带来重大影响;Kuran (1993)⑤ 研究指出,在人口、社会与经济转型时期,小规模的土地冲突容易恶化成大规模的暴力事件;Lavigne (2000)⑥ 认为土地冲突对经济发展和政治稳定会带来巨大破坏。在我国现行耕地保护制度框架下,众多学者认为基于利益最大化的追求,耕地政策过程呈现不同层级政府之间、政府与用地单位、政府与农民、用地单位与农民、代际之间等多重利益博弈,各参与主体与耕地保护之间存在着复杂的利益冲突(俞文华,1997;曲福田和冯淑怡,

---

① 王倩茹. 冲突管理视角下的公共决策咨询 [J]. 行政论坛, 2010 (1): 44-48.

② 刘智勇, 陈晓红. 群决策冲突过程中的均衡分析 [J]. 系统工程, 2009, 27 (2): 109-113.

③ Nelson A. C. Demand, segmentation, and timing effects of an urban containment program of urban fringe land values [J]. Urban Studies, 1985, 22 (3): 439-443.

④ Nelson A. C. Using land markets to evaluate urban containment programs [J]. Journal of the American Planning Association, 1986, 52 (2): 156-171.

⑤ Kuran T. Sparks and prairie fires: a theory of unanticipated political revolution [A]. U. Witt. Evolutionary Economics [C]. Cheltenham: Edward Elgar Press, 1993: 41-75.

⑥ Lavigne D. P. Harmonizing formal law and customary land rights in French speaking West Africa [A]. Toulmin C., Quan J. Evolving Land Rights, Policy, and Tenure in Africa [C]. London: International Institute for Environment and Development, 2000: 6-7.

1998；吴次芳和谭永忠，2002；钱忠好，2003；唐健和卢艳霞，2006）①②③④⑤ 等；刘卫东，罗吕榕和彭俊（2004）⑥ 认为实现耕地总量保持动态平衡的目标，在发达地区存在客观限制，在落后地区不能够促进土地集约利用；张琳，张凤荣和薛永森（2007）⑦ 学者指出我国各地区建设占用耕地情况差异悬殊；谭荣，曲福田和郭忠兴（2005）⑧ 通过分析得出中国耕地非农化对经济增长的贡献存在地区差异；朱新华和梁亚荣（2008）⑨ 以粮食主产区和产销平衡区为例，分析了耕地保护的区域冲突；汪阳洁和张静（2009）⑩ 认为区域不平衡发展战略导致耕地资源非农化指标的不公平配置。

（二）耕地保护利益冲突管理的相关研究

（1）管理责任的划分。Barlowe（1986）⑪ 对各国对土地使用

---

① 俞文华. 发达与欠发达地区耕地保护行为中的利益机制分析［J］. 中国人口·资源与环境，1997，7（4）：23 – 27.

② 曲福田，冯淑怡. 中国农地保护及其制度研究［J］. 南京农业大学学报，1998，21（3）：110 – 115.

③ 吴次芳，谭永忠. 制度缺陷与耕地保护［J］. 管理世界，2002（7）：69 – 73.

④ 钱忠好. 耕地保护的行动逻辑及其经济分析［J］. 扬州大学学报（人文社会科学版），2002，6（1）：32 – 37.

⑤ 唐健，卢艳霞. 我国耕地保护制度研究——理论与实证［M］. 北京：中国大地出版社，2006：20，111，113.

⑥ 刘卫东，罗吕榕，彭俊. 城市土地资产经营与管理［M］. 北京：科学出版社，2004：8 – 9.

⑦ 张琳，张凤荣，薛永森等. 中国各省耕地数量占补平衡趋势预测［J］. 资源科学，2007，29（6）：114 – 120.

⑧ 谭荣，曲福田，郭忠兴. 中国耕地非农化对经济增长贡献的地区差异分析［J］. 长江流域资源与环境，2005：278 – 281.

⑨ 朱新华，梁亚荣. 耕地保护制度中的利益冲突与公共政策选择［J］. 海南大学学报（人文社会科学版），2008：529 – 533.

⑩ 汪阳洁，张静. 基于区域发展视角的耕地保护政策失灵及对策选择［J］. 中国人口·资源与环境，2009，19（1）：76 – 80.

⑪ Barlowe R. Land resource economics［J］. The Economics of Real Estate，1986：509 – 551.

管制所采取的、指导土地利用的公共措施与权力进行了概括；Jeffrey 和 Dennis（1998）[1] 强调私人农地保护协会在美国农地保护过程中发挥作用；曲福田和冯淑怡（1998）[2] 指出土地保护的核心机制是农户耕地保护决策系统；郭春华（2005）[3] 认为耕地保护责任的主体包括国家或政府、农民集体、农民个人和用地单位；陈美球等（2008，2009）[4][5] 从外部性理论、准公共物品理论和产权理论三个方面分析，认为耕地保护不仅仅是农民的责任，更应是全社会的共同责任；邹晓云，张琦和王宏新等（2009）[6][7] 强调耕地保护的社会约束机制。

（2）注重耕地资源的多功能。Lankoski 和 Ollikainen（2003）[8] 等认为农业生产区域的隔离缓冲地带的宽度对保持生物多样性和景观多样性有着正的影响作用。同时，众多的研究者对耕地的多功能价值进行了核算，代表性的有 Costanza（1997）[9]，谢高

---

[1] Jeffrey K., Dennis W. Public preferences regarding the goals of farmland preservation programs: Reply Land Economics [J]. Madison, 1998, 74 (4): 566.

[2] 曲福田，冯淑怡. 中国农地保护及其制度研究 [J]. 南京农业大学学报，1998, 21 (3): 110 – 115.

[3] 郭春华. 我国耕地保护的主体行为及其对策建议 [J]. 现代经济探讨，2005 (3): 28 – 31.

[4] 陈美球，洪土林，许兵杰等. 我国耕地保护的社会责任及对策分析 [J]. 中州学刊，2008, 9 (5): 119 – 214.

[5] 陈美球，魏晓华，刘桃菊. 海外耕地保护的社会化扶持对策及其启示 [J]. 中国人口·资源与环境，2009, 19 (3): 70 – 75.

[6] 邹晓云，张琦，王宏新. 耕地保护社会约束机制建设研究：社会约束力量缺失的成因 [J]. 中国土地，2009 (10): 22 – 24.

[7] 邹晓云，张琦，王宏新. 耕地保护社会约束机制建设研究之一：理论来源及异域经验 [J]. 中国土地，2009 (10): 34 – 36.

[8] Lankoski J., Ollikainen M. Agri-environmental externalities: a framework for designing targeted policies [J]. European Review of Agricultural Economics, 2003, 30 (1): 51 – 75.

[9] Costanza R. The value of the world's ecosystem service and natural capital [J]. Nature, 1997, 387 (15): 253 – 260.

地 (2001)[①], 周建春 (2003)[②], 王瑞雪 (2005)[③] 等。

(3) 耕地保护外部效应的内部化。蔡运龙 (1997)[④] 从耕地资源价值的内涵出发, 依据耕地价值测算补偿标准, 孙海兵和张安录 (2006)[⑤], 王雨濠 (2007)[⑥] 等学者提出重建耕地用途转移的成本核算; 张效军等 (2006)[⑦] 对耕地保护的补偿标准进行了深入的研究。

(4) 冲突管理的制度供给。George, Jean 和 Coleman (2002)[⑧] 认为利用规划模型能够推动最优土地利用; Lorne, Wayne 和 Mark (2000)[⑨] 等强调交互式的冲突解决方式, 注重信息的沟通和积极的社会互动; Lu, Van 和 Rabbinge (2004)[⑩] 等认为土地利用冲突是一个多目标协调问题; 城市增长边界 (UGB) 作为一种城市管理手段, 最具代表性的研究包括 Knaap (1982, 1985)[⑪] 与 Nelson

---

① 谢高地, 鲁春霞, 成升魁. 全球生态系统服务价值评估研究进展 [J]. 资源科学, 2001, 23 (6): 5-9.
② 周建春. 耕地估价理论与方法研究 [D]. 南京: 南京农业大学论文, 2005.
③ 王瑞雪. 耕地非市场价值评估理论方法与实践 [D]. 武汉: 华中农业大学论文, 2005.
④ 蔡运龙. 耕地保护必须政府干预与市场机制相结合 [J]. 中国土地, 1997 (11): 26-27.
⑤ 孙海兵, 张安录. 农地外部效益保护研究 [J]. 中国土地科学, 2006, 20 (3): 9-12.
⑥ 王雨濠. 耕地利用的外部性分析与效益补偿 [J]. 农业经济问题, 2007 (3): 52-56.
⑦ 张效军, 欧名豪, 李景刚等. 对构建耕地保护区域补偿机制的设想 [J]. 农业现代化研究, 2006, 27 (3): 144-152.
⑧ George J., Jean L., Coleman D. G. Feed lots and land-use conflict [EB/OL]. http://www.asu.edu/caed/proceedings/JOHNSON/Johnson.html, 2002.
⑨ Lorne O., Wayne H., Mark W. Conflicts on over farming practices in Canada: the role of interactive conflict resolution approaches [J]. Journal of Rural Studies, 2000, 16: 475-483.
⑩ Lu C. H., Van M. K., Rabbinge R. A scenario exploration of strategic land use options for the Loess Plateau in northern China [J]. Agricultural Systems, 2004 (79): 145-170.
⑪ Knaap G. J. The price effects of an urban growth boundary in metropolitan Portland, Oregon [J]. Land Economics, 1985, 61 (1): 26-35.

(1986)① 等人；除了国家耕地保护的法律法规外，国内学者们也提出了耕地保护利益冲突管理的一些制度措施，例如，俞文华（1997）②提出将耕地保护纳入区域间均衡发展中考虑；曲福田和冯淑怡（1998）③ 提出把土地分为农业区、建设用地区和未利用地区；张全景，欧名豪和王万茂（2000）④ 提出控制城乡建设用地规模，必须树立以保护耕地为中心的思想，实行区域城乡建设用地的整体控制；刘卫东（2007）⑤ 认为土地税制对于农地的保护力度不够，耕地占用税税负过轻；丁成日（2008）⑥ 认为土地开发权转让有可能使耕地保护区内的农民同样享受到城市化和工业化带来的经济好处。吴次芳和谭荣（2010）⑦ 从层次论的视角审视农地保护，并提出只有站在这种层次论的基础上，才能更好地辨识和解决农地保护中遇到的各种问题。

五、现有研究成果的总结

（一）冲突管理方面的研究

1. 六西格玛管理核心是通过系统的数据统计分析、测量问题、分析原因、以改进优化和控制业务流程，现有研究主要聚集在工商企业的经营运作方面的运用，达到企业管理的最佳效果。

2. 国内外学者从不同的空间维度、时间维度、哲学伦理维度以及

---

① Nelson A. C. Demand, segmentation, and timing effects of an urban containment program of urban fringe land values [J]. Urban Studies, 1985, 22 (3): 439 - 443.

② 俞文华. 发达与欠发达地区耕地保护行为中的利益机制分析 [J]. 中国人口·资源与环境, 1997, 7 (4): 23 - 27.

③ 曲福田, 冯淑怡. 中国农地保护及其制度研究 [J]. 南京农业大学学报, 1998, 21 (3): 110 - 115.

④ 张全景, 欧名豪, 王万茂. 中国土地用途管制制度的耕地保护绩效及其区域差异研究 [J]. 中国土地科学, 2008, 22 (9): 8 - 14.

⑤ 刘卫东. 耕地多功能保护问题研究 [J]. 国土资源科技管理, 2008, 25 (1): 1 - 5.

⑥ 丁成日. 美国土地开发权转让制度及其对中国耕地保护的启示 [J]. 中国土地科学, 2008, 22 (3): 74 - 80.

⑦ 吴次芳, 谭荣. 农地保护层次论 [M]. 北京: 地质出版社, 2010: 40 - 78.

心理学、社会学、人类学等学科领域对冲突的本质、冲突管理的基本理论和方法措施等加以研究，推动了冲突管理研究的深化和进步。

（二）耕地保护利益冲突与管理方面

1. 从研究视角来看，国外研究大都从土地竞用冲突、环境和生态影响角度来探讨耕地与其他土地利用类型之间的冲突，而国内研究视角大都基于耕地保护的外部不经济性和耕地保护责权利的不统一。在研究方法上，国外学者们主要基于不同的价值（价格）理论对耕地资源价值问题展开多层次多角度的讨论，耕地资源价值（价格）的研究更偏重于模型化和实证研究，而国内对耕地资源价值的研究大都基于耕地的多功能属性和外部不经济性。

2. 在耕地保护利益冲突方面，国内现有的研究对耕地保护利益主体和耕地资源利益本体两方面的冲突进行了较多的论述。利益主体的冲突集中在耕地保护的参与主体和耕地保护的区际利益冲突，土地利用中的经济利益、生态效益和社会效益之间、长远与眼前利益之间、代际利益之间和不同发展水平的区域之间的利益矛盾。利益本体的冲突主要体现在耕地资源的多功能性，耕地资源的多功能价值在市场交易中未能得到完全反映，严重低估了耕地价值。

3. 在对耕地保护利益冲突的成因的解释中，国内现有研究主要从市场缺陷和政府失灵角度进行了较为系统的研究。同时，在现有的研究中，还有学者认为，由于土地利用多目标中冲突、国家梯度发展战略的影响、城市总体规划与土地利用总体规划的主从关系不明、耕地产权不清晰及耕地占用税负过低，耕地比较效益差和耕地保护制度安排缺陷等原因，使得耕地保护面临着不同的困境，产生了不同的利益冲突。在耕地保护区域利益冲突解释中，国内学者们研究最多的是耕地占补平衡制度和建设用地指标按行政区分配的局限性。

4. 在耕地保护管理责任方面，国外耕地保护的责任承担者主要是政府机构和私人农地保护协会，私人农地保护协会对耕地的保护弥补了政府保护耕地中的不足之处，私人农地保护协会在耕地保护中扮演重要角色。国内研究更多地强调耕地保护的政府管理责任，政府是耕地保护管理的主体。

5. 各国针对各自的国情，包括文化、历史、资源条件和法制特征，建立了不同特色的耕地保护和统筹区域土地利用制度。国外主要的制度安排有多目标规划，公众参与式，城市增长边界的管理，土地利用管制和协调机构和监督机制的构建等。国内主要探讨耕地保护区域之间的补偿标准，力图重构耕地保护的利益分享机制，同时，对耕地保护经济补偿基金的运行和管理也有了初步的研究。国内学者还提出了其他的一些协调机制，如城乡统筹发展，建设用地指标区域调配，耕地易地占补平衡，政府制度安排对土地收益的调控，农业区划、经济区划及主体功能区建设与管理和土地开发权交易机制等制度。通过对这些制度的研究，丰富和扩展了基于耕地保护大框架下区域土地统筹利用的制度安排，为耕地保护区和建设用地扩展区之间如何统筹区域土地利用，如何分工协作提供了一定的制度保障。

六、现有研究的不足

1. 从耕地保护执行效果来看，现有的研究大多从耕地保护政策对耕地资源数量或质量所引起的变化来探讨耕地保护的绩效，较少关注耕地保护行为的守法性、经济性和效率性等方面的绩效内容。随着大家对耕地多功能的认识以及耕地保护理念的延伸，耕地保护绩效仅表现为数量或质量绩效是不完整的。同时，在评价耕地保护绩效时，现有的研究在构建耕地保护绩效的评价指标体系中也较少综合考虑到评价指标之间的协同作用关系，不利于对耕地保护原因、状态和响应的机理分析。

2. 现有研究较少从冲突管理视角出发来探讨耕地保护的利益冲突，对耕地保护的利益冲突的研究较为分散和零碎，欠缺专门化的研究。在耕地保护管理责任上，国内在耕地保护的宣扬和研究上，多侧重于强调耕地保护的"共同责任"，对"区别责任"的重要性和研究意义的重视相对薄弱。同时，现有研究对耕地保护的困境和成因的定性分析较多，而从耕地保护的成本收益角度来探讨耕地保护的困境、冲突和成因分析方面的定量研究则相对较少，这方面的研究还较薄弱。

3. 在耕地多功能价值研究方面，从研究方法来看，耕地经济产出价值评估有较为成熟的方法，大多采用收益还原法，但收益还原率的确定众说纷纭。耕地的生态价值和社会价值的评估方法也尚处于起步探索阶段，意愿调查法是较为常用的一种方法。评估耕地的社会价值和生态价值的参数选择也是多种多样的，造成核算出来的耕地资源总价值相差较大，削弱了其在实践运用中的可信度和说服力。评估结果一般高于其现实交易价值的几十倍甚至上百倍，难以市场化，陷入无人买单的尴尬境地。同时，对耕地资源价值进行核算的众多研究中，没有采用统一的测算方法和标准对全国各省区耕地资源总价值进行核算，不利于衡量各省区之间的耕地保护成本收益的区域比较和省与省之间土地的统筹利用。

4. 对耕地保护外部效益补偿的研究，大多基于对耕地多功能价值的核算。它虽然提供了耕地保护外部效益补偿标准的确定途径，具有很强的说服力，但大部分研究并没有在此基础上进一步核算出全国省市之间的耕地保护区域经济补偿标准。更为重要的是，耕地的非市场价值因偏重于主观概念上的价值且核算理论与方法的不统一，造成测算出的耕地多功能价值差别较大。尤其是从耕地保护机会成本角度出发来探讨耕地保护区域间的经济补偿标准测算还有待进一步的研究。

5. 现有研究大多从委托代理、补偿机制、新公共管理理论和土地督察等角度出发探讨解决中央政府与地方政府在耕地保护中信息不对称问题。从耕地保护的外部监督机制来看，现有研究大都仍囿于就耕地保护谈耕地保护。耕地保护绩效的提高，需要社会外部力量的参与和监督，而现有的耕地保护制度在借助社会监督的参与以促进耕地保护绩效提高的研究还较单薄。从完善制度安排角度来看，对耕地保护的外部监督机制的研究还有待深入。

6. 现有研究从土地利用的比较优势来谈土地资源配置的较多，较少从协调区域发展视角来研究耕地保护的利益冲突。从"资源诅咒"和"比较优势陷阱"角度来研究耕地保护的利益冲突和成因的文献资料也相对较少。耕地保护执行相对较好的地区同样存在"资源诅咒"的困境或"比较优势陷阱"问题，不利于区域的发展。

七、本书研究的切入点

通过对已有研究的梳理发现：第一，六西格玛管理的 DMAIC 流程运用于公共管理领域中尚墨迹寥寥；第二，冲突管理理论较为成熟，但现有研究较少从冲突管理视角来探讨耕地保护利益冲突及其管理；第三，耕地保护利益冲突管理的研究显得较为分散和零碎，欠缺系统化的研究。据于以上三点，本书研究的切入点是基于六西格玛管理的 DMAIC 流程对耕地保护利益冲突进行系统化专门化的研究，以期科学地管理耕地保护的利益冲突，并最终提高我国耕地保护的绩效。

第三节 研究内容、拟解决的关键问题和研究方法

一、研究内容

本书基于六西格玛管理的 DMAIC 五个阶段而展开研究，内容主要分为以下部分：

（一）耕地保护利益冲突的定义

定义是 DMAIC 流程的第一步，是收集所有可以获取的信息，充分了解冲突事件、对问题进行识别和设定改进目标的过程。事先对冲突发生过程了解得越细致，越能对冲突的各要素做出公正与全面的判断。

在耕地保护利益冲突的定义阶段，其主要任务是识别耕地保护的利益矛盾，界定耕地保护利益相关者，明确耕地保护利益相关者的不同利益诉求及其角色定位和冲突类型。

（二）耕地保护利益冲突的测量

DMAIC 流程中的测量阶段是连接定义阶段与分析阶段的重要

桥梁，它主要围绕定义阶段所识别的对象与事件，测出冲突强度和找出影响冲突强度的关键因素的实际值，为找出问题的原因提供事实依据与线索。

DMAIC 流程的耕地保护利益冲突管理中的测量阶段，其主要任务是采用恰当的测量指标、恰当的测量方法、保证冲突测度值能够准确、可靠、真实地反映目前我国耕地保护利益冲突的正式状况，找出关键的影响因素。

（三）耕地保护利益冲突的分析

分析阶段作为 DMAIC 模型的重要一环，其主要任务就是要找到问题的症结和产生问题的根本原因，分析准确了才能对症下药。

在耕地保护利益冲突管理中，"分析"阶段的主要工作是对前面两个阶段所收集到的信息进行分析，判断冲突产生原因，找出问题的潜在根源。总结出原因，这是下一步制定避免冲突发生的具体改进措施的依据。此外，还要分析当前处理冲突方式的不合理之处，这有助于制定缓解或消除冲突的方法。

（四）耕地保护利益冲突的改进

改进阶段是整个 DMAIC 流程的核心，是整个六西格玛的主动化阶段，前面定义、测量、分析阶段都是这一阶段的基础和依据。这一阶段需要冲突管理者发挥主观能动性，不断地去探索找到最佳的解决方案并全面贯彻落实，实现管理绩效的改善和提高。耕地保护利益冲突的改进应该依靠两大途径，合作（Cooperation）和补偿（Compensation），即"CC 组合"，具体说来：

1. 明确责任，区域合作。用经济区划思想取代耕地保护任务的行政分配，遵循耕地保护机会成本和耕地资源禀赋的区域差异，以耕地保护为契机，建立区域协作与联动机制，促进生产要素的合理流动，使耕地保护成为实现农业区域专门化，取得规模经济效益和集聚效益的手段。

2. 补偿收益，力保公平。让发展利益共享型耕地保护模式替代行政任务分配型的耕地保护运作模式。提高耕地保护的收益主要通过两种途径来解决：一是借鉴森林资源会计、环境会计等相关学科的理论与方法，开展耕地资源价值的会计核算和会计管理体系研究。构建适合于耕地资源会计运行的框架和体系，将耕地资源的社会价值和生态价值纳入会计核算和管理体系，以显化耕地资源的隐形价值，从而唤醒农村沉睡的资本。通过耕地资源多功能价值核算和耕地资产经营相结合的方式来提高耕地保护绩效；二是耕地保护的区域（和农户）经济补偿标准测算以及补偿办法的实现与管理，以矫正区域（农户）耕地保护的外部不经济性（农户的福利损失）。

（五）耕地保护利益冲突的控制

控制阶段是 DMAIC 流程中的最后一个阶段，主要是对前面的改进措施进行监督、反馈和巩固，是实现 DMAIC 整个闭环控制的关键。

耕地保护利益冲突的管理涉及多元化的利益主体、多样化的利益诉求和多途径的利益实现方式，是一项庞大而又复杂的系统网络工程。耕地保护利益冲突的控制主要是借助审计的力量参与到耕地保护利益冲突的管理中。根据审查主体和内容的不同，分别探讨耕地保护利益冲突的外部审计控制、内部审计控制和管理审计控制等内容。跟踪、检验和判定冲突解决的实际效果，最终形成审计报告。

（六）促进耕地保护利益冲突 DMAIC 管理模式循环运行的政策建议

六西格玛方法是一个连续性的上升螺旋圈，通过对整个流程周而复始、反复不断地进行定义、测量、分析、改进、控制，使利益冲突管理中的各环节得到修正和补充。耕地保护利益冲突的 DMAIC 管理模式良性运行需要相应的配套政策。

二、拟突破的重点和难点

耕地保护利益冲突的 DMAIC 管理模式的实施，主要有三个核心问题需要突破：第一，耕地保护责权利科学合理的统一。第二，耕地保护利益冲突的控制路径选择。第三，DMAIC 管理模式如何更有效地嵌入耕地保护利益冲突的管理中。这三个问题既是本项目研究的重点，又是难点，其中：

1. 对于"耕地保护责权利科学合理的统一"而言，需要突破以下关键问题：

首先，认清耕地保护的利益冲突；其次，怎样实现以耕地保护为契机，促进主体功能区协调区际协调发展的制度保障研究；最后，耕地保护的经济补偿标准的测算以及补偿办法的实现与管理。

2. 对于"耕地保护利益冲突的控制管理研究"而言，需要突破以下关键问题：一是耕地保护利益冲突的审计控制理论支撑；二是耕地保护利益冲突审计控制的技术实现。

3. 六西格玛管理把业务流程作为成功的关键之处。对于"DMAIC 管理模式如何更有效地嵌入耕地保护利益冲突管理"而言，需要突破的关键问题是：结合耕地保护的具体实践，耕地保护利益冲突管理的 DMAIC 流程设计与改进。

三、研究思路和技术路线

本书遵循 DMAIC 的"定义—测量—分析—改进—控制"流程，探讨促进耕地保护利益冲突 DMAIC 管理模式循环运行的政策建议。本书研究中用到的理论主要包括六西格玛管理理论、利益相关者理论、会计审计的一般理论、农业多功能价值理论、博弈论和区域经济学以及产业经济学相关理论、冲突管理理论。本书研究方法主要包括文献综合法、定性分析与定量分析方法、逻辑推理与模型推导方法、理论与实践相结合的方法等。

本书研究的技术路线如图 1-1 所示。

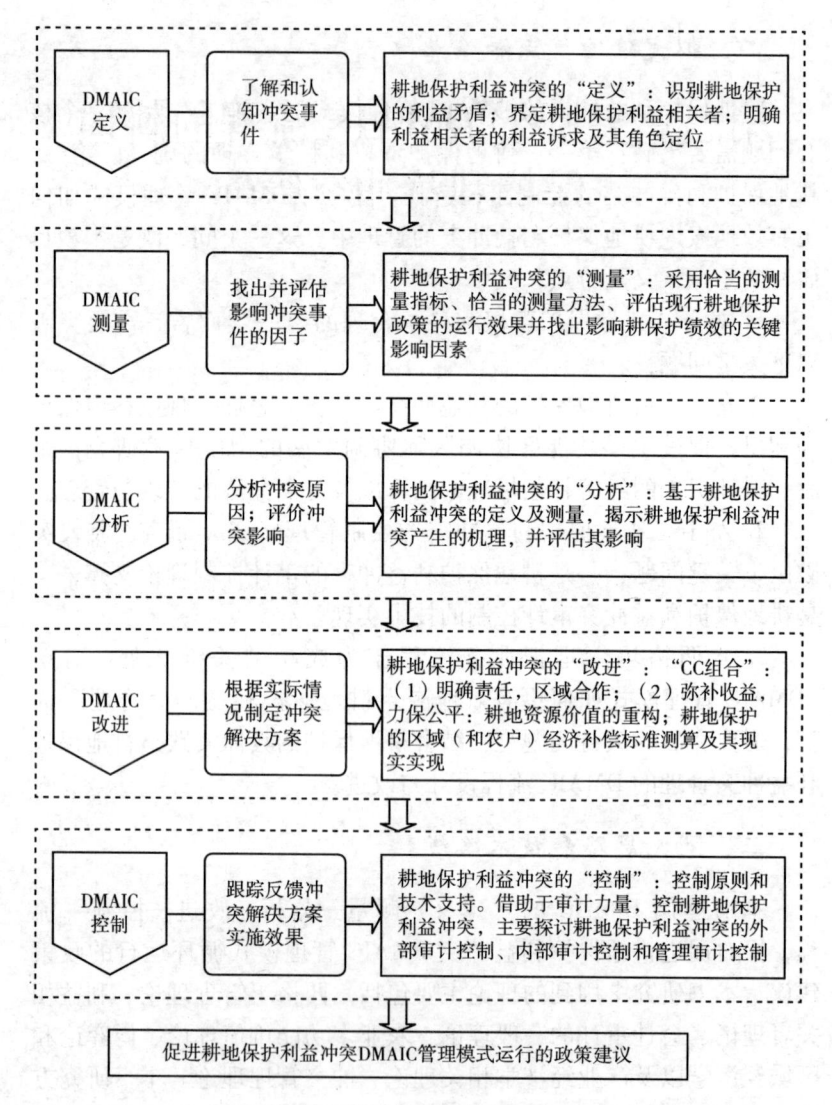

```
┌─────────────────────────────────────────────────────────────────────┐
│  ┌─────────┐    ┌─────────┐    ┌───────────────────────────────────┐│
│  │ DMAIC   │──▶│了解和认知│──▶│耕地保护利益冲突的"定义":识别耕地保护││
│  │ 定义    │    │冲突事件 │    │的利益矛盾;界定耕地保护利益相关者;明确││
│  └─────────┘    └─────────┘    │利益相关者的利益诉求及其角色定位    ││
│                                 └───────────────────────────────────┘│
└─────────────────────────────────────────────────────────────────────┘
                                    ▼
┌─────────────────────────────────────────────────────────────────────┐
│  ┌─────────┐    ┌─────────┐    ┌───────────────────────────────────┐│
│  │ DMAIC   │──▶│找出并评估│──▶│耕地保护利益冲突的"测量":采用恰当的测││
│  │ 测量    │    │影响冲突事│    │量指标、恰当的测量方法、评估现行耕地保护││
│  └─────────┘    │件的因子 │    │政策的运行效果并找出影响耕保护绩效的关键││
│                 └─────────┘    │影响因素                            ││
│                                 └───────────────────────────────────┘│
└─────────────────────────────────────────────────────────────────────┘
                                    ▼
┌─────────────────────────────────────────────────────────────────────┐
│  ┌─────────┐    ┌─────────┐    ┌───────────────────────────────────┐│
│  │ DMAIC   │──▶│分析冲突原│──▶│耕地保护利益冲突的"分析":基于耕地保护││
│  │ 分析    │    │因;评价冲│    │利益冲突的定义及测量,揭示耕地保护利益冲││
│  └─────────┘    │突影响   │    │突产生的机理,并评估其影响            ││
│                 └─────────┘    └───────────────────────────────────┘│
└─────────────────────────────────────────────────────────────────────┘
                                    ▼
┌─────────────────────────────────────────────────────────────────────┐
│  ┌─────────┐    ┌─────────┐    ┌───────────────────────────────────┐│
│  │ DMAIC   │──▶│根据实际情│──▶│耕地保护利益冲突的"改进":"CC组合":   ││
│  │ 改进    │    │况制定冲突│    │(1)明确责任,区域合作;(2)弥补收益,  ││
│  └─────────┘    │解决方案 │    │力保公平:耕地资源价值的重构;耕地保护 ││
│                 └─────────┘    │的区域(和农户)经济补偿标准测算及其现 ││
│                                 │实实现                              ││
│                                 └───────────────────────────────────┘│
└─────────────────────────────────────────────────────────────────────┘
                                    ▼
┌─────────────────────────────────────────────────────────────────────┐
│  ┌─────────┐    ┌─────────┐    ┌───────────────────────────────────┐│
│  │ DMAIC   │──▶│跟踪反馈冲│──▶│耕地保护利益冲突的"控制":控制原则和  ││
│  │ 控制    │    │突解决方案│    │技术支持。借助于审计力量,控制耕地保护││
│  └─────────┘    │实施效果 │    │利益冲突,主要探讨耕地保护利益冲突的外││
│                 └─────────┘    │部审计控制、内部审计控制和管理审计控制││
│                                 └───────────────────────────────────┘│
└─────────────────────────────────────────────────────────────────────┘
                                    ▼
              ┌─────────────────────────────────────────┐
              │促进耕地保护利益冲突DMAIC管理模式运行的政策建议│
              └─────────────────────────────────────────┘
```

图 1-1　研究的技术路线

第二章 基于 DMAIC 流程的耕地保护利益冲突管理

——"定义"阶段

定义是 DMAIC 流程的第一步,是收集所有可以获取的信息,充分了解冲突事件、对问题进行识别。事先对冲突发生过程了解得越细致,越能对冲突的各要素做出公正与全面的判断。

在耕地保护利益冲突的定义阶段,其主要任务是界定耕地保护利益相关者,识别耕地保护的利益矛盾,明确耕地保护利益相关者的不同利益诉求及其角色定位和其利益冲突的形态表现。

第一节 利益相关者理论概述

利益相关者理论是基于企业平衡各类利益相关者相互冲突的要求而产生的理论。它作为一个明确的理论概念是在 1963 年由美国斯坦福研究院(Stanford Research Institute,SRI)提出的,认为"利益相关者是这样一些群体,没有其支持,企业就不可能生存",而判定是否是利益相关者的依据是"是否影响企业的生存"[1]。

进入 20 世纪 80 年代后,美国经济学家弗里曼(1984)给出了一个广义的利益相关者定义,指出:"那些能够影响一个组织的目标实现的人,或者自身受到一个组织目标的实现所影

---

[1] 转引自贾生华,陈宏辉. 利益相关者的界定方法述评[J]. 外国经济与管理,2002(5):13-19.

响的人。"① 这种看法体现了企业与利益相关者的相互影响，正式把社区、政府、其他社会组织等纳入了利益相关者理论的研究范畴。但是，这种利益相关者的界定方法在进行实证研究和应用时，却由于其过于宽泛而无法具体实行。

20世纪90年代，研究者们普遍意识到企业的生存和发展与利益相关者的支持与参与是分不开的，但是利益相关者各方对于企业的影响程度及受企业影响的程度是不同的，对各利益相关者的区分和界定可以从多个维度进行。于是，"多维细分法"便成为90年代中期后界定利益相关者常用的分析工具，其理论体系也逐步完善（贾生华和陈宏辉，2002）②。

中国作为一个人口大国，耕地资源后备有限，粮食安全始终是关系国家长治久安的重大战略问题，保护耕地符合全体国民共同的利益。为达到保护耕地和可持续利用耕地资源的目的，需要不同的利益相关者充分参与到耕地保护中来。耕地保护涉及政府、土地开发商、村集体和村民等多个利益相关主体。他们在各自的社会生活中都有各自不同的价值取向和利益诉求，而这些利益诉求会直接或间接影响到他们的行为抉择。由于各利益主体目标函数的差异、"经济人"决策的有限理性、信息的非对称性，带来了他们之间或主体内部利益的冲突。西方管理理论中关于利益相关者的理论思想，为我们分析耕地保护的利益相关者提供了很好的理论素材。通过耕地保护利益相关者分析，可以营造一个和谐的氛围来讨论耕地保护冲突中各利益群体之间的不同的诉求，建立利益相关者之间的沟通渠道，创造合作机会，使各利益相关者的利益目标和需求得到最大程度的满足，实现"多赢"的格局。

---

① Freeman R. E., Evan W. M. Corporate governance: A stakeholder interpretation [J]. Journal of behavioral econo-mics, 1990, 19: 337 – 359.

② 贾生华，陈宏辉. 利益相关者的界定方法述评 [J]. 外国经济与管理，2002 (5): 13 – 19.

第二节 耕地保护利益矛盾的识别

利益矛盾是利益冲突的起点,而利益矛盾从一般意义上来说,包含以下三重含义,即:利益之间的矛盾;利益主体之间的矛盾;需求主体与需求对象之间的矛盾(任广浩和叶立周,2004)[①]。这三个方面是互相联系的,共同构成利益矛盾的综合体。人们在实现自身利益的过程中不仅存在着与利益对象之间的矛盾,而且与不同利益内容之间也存在着矛盾,这些矛盾集中通过与其他利益主体之间需求而得以再现。在耕地保护过程中,同样存在着耕地保护主体之间的矛盾,耕地保护利益之间的矛盾,耕地保护主体不同的需求与耕地利用所能带来的有限效应之间的矛盾。

1. 耕地保护利益主体之间的矛盾。耕地属于典型的多功能性和稀缺性自然资源,是一种特殊的公共资源。政府是管理公共事务的核心,政府当然地成为耕地保护的主体。参与耕地保护的政府主体主要包括中央政府和各级地方政府(省、直辖市、自治区、市、县、乡政府、村委会)。中央政府将耕地保护的责任分配到省一级政府,省级政府又将有关权利和责任分配到市级政府,市级政府再把耕地保护任务分解到各个县级政府,县级政府再到乡,从而形成了自上而下的耕地保护管理框架。在这一管理框架中,存在着中央政府、地方政府、村集体、农户等不同耕地保护相关者的不同利益诉求与角色定位的矛盾。同时,耕地保护利益主体还包括耕地保护涉及的当代人与下代人的利益矛盾、农业部门与非农业部门、人与自然的矛盾和人类与非人物种之间的利益矛盾等。

2. 耕地保护利益之间的矛盾。耕地保护利益包含多种具体的利益形式,主要包括耕地资源利用中的眼前利益与长远利益的冲突、

[①] 任广浩,叶立周. 论权利冲突——以利益冲突为线索的考察 [J]. 河北法学,2004,22(8):71-72.

耕地保护的经济利益、社会利益与生态环境利益之间的冲突、耕地保护的私人收益与社会收益之间的冲突、耕地保护整体利益与局部利益冲突等。这些冲突事实上是指同一个利益主体的各方面利益需求无法同时实现的冲突。在现实生活中，这些利益并不可能永远呈现和谐一致的状态，在很多情况下，这些具体利益之间难免存在着矛盾。

3. 利益需求主体与需求对象之间的矛盾。利益需求主体与需求对象之间的矛盾实质是利益能否实现的矛盾。人不是光靠吃米长大的，还有其他不同的需求，并且土地利用本身存在着竞用冲突。在耕地保护中的反映就是耕地保护各利益主体的不同需求能否通过对耕地的保护开发利用中得以实现和如何协调实现之间的矛盾，能否通过土地资源的合理配置和耕地的可持续利用促进人类、资源、环境与社会经济发展系统的和谐运转，能否在保护耕地数量和提升耕地质量的实践中，科学地处理好建设与吃饭，生产与保护的矛盾。

第三节 耕地保护利益相关者的界定

众多的研究者从不同角度对利益相关者进行了细分，而不同类型的利益相关者对于企业管理决策的影响以及被企业活动影响的程度也是不一样的。例如，Clarkson（1994）根据相关群体与企业联系的紧密性，将利益相关者分为：首要的利益相关者和次要的利益相关者[1]。随后，Wheeler 和 Maria（1998）[2] 将社会性维度引入到利益相关者的界定中，认为有些利益相关者是有社会性的，即他们与企业的关系直接通过人的参与而形成，有些利益相关者却不具有社会性，即他们并不是通过"实际存在的具体人"和企业发生

---

[1] 转引自付俊文，赵红. 利益相关者理论综述 [J]. 首都经济贸易大学学报，2006（2）：16 - 22.

[2] Wheeler D., Maria S. Including the Stakeholders: The Business Cade [J]. Long Range Planning, 1998, 31（2）：201 - 210.

联系的，如自然环境、人类后代、非人物种等。Wheeler 和 Maria（1998）结合克拉克逊提出的紧密性维度，将社会性维度引入到利益相关者的界定中，把利益相关者分为四种类别：第一，首要的社会性利益相关者；第二，次要的社会性利益相关者；第三，首要的非社会利益相关者；第四，次要的非社会性利益相关者。

根据国外研究者对利益相关者的理解及其范围的界定，结合耕地资源本身所具有的多功能性、公益性等属性和我国耕地保护的具体实践。为更好地实现耕地保护目标，本书倾向于从更宽广的范畴来界定耕地保护利益相关者，即耕地保护利益相关者是指能够影响耕地保护目标的实现，或者由于耕地保护的活动而受到影响的个人或群体，具体包括在耕地保护中承担了相应的责任和风险的个体和群体，还包括受到影响的普通市民、媒体、后代以及非人物种等。普通市民、媒体、人类的后代、非人物种等主体都与耕地保护的目标和耕地的可持续利用有很强的关联性。

为更科学合理地认识和分清不同耕地保护主体的利益需求，从紧密性和社会性两个维度出发，本书把耕地保护的利益相关者分为首要的社会性利益相关者、次要的社会性利益相关者、首要的非社会利益相关者和次要的非社会性利益相关者四种类别。如图 2-1 和表 2-1 所示。

社会性	首要的社会性利益相关者	次要的社会性利益相关者
高		
低	首要的非社会利益相关者	次要的非社会性利益相关者
	低　　　　　高	紧密性

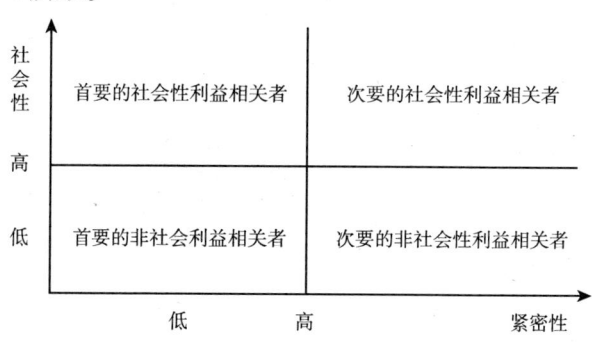

图 2-1　耕地保护利益相关者的界定

表2-1 耕地保护利益相关者的利益诉求及其角色定位

分类	对象	利益诉求
首要社会性利益相关者	中央政府	保护耕地资源的数量和质量，保障耕地的可持续利用
		保障粮食生产，维护粮食安全
		农村和城市、东中西部地区的经济、社会和环境的协调发展
		不同主体的利益需求得到保障
	地方政府	本地区经济社会发展的需要和保障
		地方政府追求政绩的需要和满足
		完成上级政府分解下来的耕地保护任务
	土地开发商	实现适当的经济效益和利润分成
		与政府和农户建立良好合作关系
	村集体（与村民）	获得土地增值部分收益
		获得合理的土地补偿
		实现长远的社会保障
		增加收入，改善生活
次要的社会性利益相关者	居民团体、相关专家、媒体记者、耕地保护的非政府组织	共享耕地保护所带来的社会和生态效益，提升生活质量 协调人类、资源、环境与发展的关系，提高人类社会的可持续发展的能力 保障粮食安全、食品安全和社会稳定 尊重所有物种生存权 人与自然的和谐共处
首要的非社会性利益相关者	自然环境，人类后代	维护生态平衡，保护生物的多样性 共享地球资源资源的可持续利用 代际资源的分配公平
次要的非社会性利益相关者	非人物种	享有栖息场所和生存权 与人类的和谐相处

一、首要的社会性利益相关者

他们与耕地保护有直接的关联，并且有"实际存在的具体人"的参加，他们是耕地保护实际责任主体，如中央政府、地方政府、村集体、非农企业、村民（包括外来务农人群）等。耕地保护中的首要的社会性利益相关者具有不同的利益诉求。

中央政府关注的是以国家利益为主体的全体国民的利益。不仅要考虑农户、村集体，企业和地方政府的局部利益，而且还要考虑全体社会成员的共同利益；不仅要考虑个人或集体的眼前利益，还要考虑个人或集体的长远利益；不仅要考虑经济的发展，还要考虑社会的和谐，生态环境的保护。所以，在耕地保护中，中央政府的利益诉求是在协调好经济、社会和环境的关系中，追求耕地的可持续利用。

地方政府更多地倾向于追求本地区的利益最大化。不仅要考虑当地土地利用的收益，还要追求做到当地经济结构和产业结构的不断优化、国有资产的保值和增值、税收的稳定增长、安全稳定的粮食供给、经济社会自然的可持续发展等。既要关注当地民生问题，也要关注当地如何能更快更好地发展问题。

开发商是以追逐经济利益，以自身的经济利益为优先，对社会、文化、环境的影响很难自觉地去考虑。对耕地保护没有内在的动力，政府和社会应引导开发商节约集约利用土地，不挤占村集体和村民等的权益空间。

村集体及村民的利益诉求主要有追求合理的安置和长期的社会保障，并将此作为自己的主要谈判目标；提高当地收入来源，有满足基本家庭生活的收入村集体；壮大集体经济，维护和保障村民权益。

二、次要的社会性利益相关者

他们通过社会性活动与耕地保护形成间接联系，如城市居民、相关专家、媒体记者和耕地保护的非政府组织等。他们通过组织耕地保护的公益性活动、发放宣传品、组织培训等方式对耕地保护的重要性和必要性进行宣传教育，提高公众对耕地保护的认识。关注农民群体，保障和维护社会公众对耕地保护活动的知情权、参与权、监督权和享用权等基本权益。

三、首要的非社会性利益相关者

他们与耕地保护活动有直接的影响，但不是以"实际存在的具体人"形式出现，如人类后代。联合国环境发展委员会于1984年正式提出："资源作为一种资本在各代人之间均衡利用"。从理论价值来看，这种观点反映了各代人都有权利充分利用各种已有资源造福社会的代际公平观。但是由于后代人的主体缺位和当代人的短视行为，有限的、稀缺的耕地资源与人类无限扩张的需求矛盾，往往会导致当代人对全人类共有的耕地资源的滥用，造成耕地资源利用的代际失衡，"但留方寸地，留与子孙耕"落实便会较难。"如果每代人都只顾自己的需求和最大享受而不关注后代，则人类注定要终结"（梅萨罗维克等，1987）[①]。

四、次要的非社会性利益相关者

他们与耕地保护活动有间接的影响，他们也不是以"实际存在的具体人"的形式出现，如非人物种、自然环境等。人类与非人类种群之间的公平分配，共享大自然的一切资源，要求在土地资源的开发利用中，不仅要考虑人类的正常需要，而且还要兼顾环境保护和生态平衡，维护非人物种的栖息权和生存权。

第四节 耕地保护利益相关者之间的冲突形态

一、耕地占补平衡与统筹区域土地利用之间的非对称冲突

耕地占补平衡政策要求全国各个区域都实现"占多少，补多

[①] ［美］梅萨罗维克，［德］佩斯特尔. 人类处于转折点［M］. 上海：上海三联书店，1987：25.

少",注重区域内实现耕地保护目标的动态平衡,但耕地占补平衡政策的实施,忽视了不同区域资源禀赋的区域差异。这种忽视会加剧区域耕地保护与区域发展之间的矛盾冲突。从耕地后备资源禀赋来看,如果按照各个地区建设用地年均增长率和现有后备土地资源数量,遵循建设用地占补平衡,可估算出全国各个地区后备土地资源开发完所需要的大致时间,如表 2-2 所示。

表 2-2　　我国各地区后备土地资源开发完所需时间

地区	1996~2005年建设用地面积年均增长率(%)	后备土地资源开垦完时间(年)	后备耕地资源开垦完时间(年)	地区	1996~2005年建设用地面积年均增长率(%)	后备土地资源开垦完时间(年)	后备耕地资源开垦完时间(年)
北京	6.78	3.6	0.3	湖北	2.09	23.2	1.1
天津	6.90	2.9	0.1	湖南	4.38	7.3	0.4
河北	2.97	21.9	1.2	广东	11.79	2.2	0.1
山西	1.36	89.4	3.4	广西	1.13	76.7	1.0
内蒙古	2.56	41.4	3.5	海南	6.72	7.8	0.2
辽宁	2.41	23.2	1.4	重庆	1.81	8.4	1.3
吉林	2.82	18.1	3.3	四川	1.74	18.3	2.7
黑龙江	1.05	99.8	8.3	贵州	3.99	12.1	0.1
上海	7.71	2.0	0.5	云南	1.44	100.2	5.7
江苏	2.98	7.5	2.1	西藏	10.85	50.0	2.3
浙江	8.57	4.0	0.6	陕西	2.21	20.5	1.6
安徽	0.69	18.9	3.0	甘肃	0.78	123.0	42.6
福建	0.94	57.6	5.0	青海	5.34	52.0	6.3
江西	0.23	189.8	62.1	宁夏	14.09	6.6	4.0
山东	3.23	7.2	2.4	新疆	6.21	34.2	14.6
河南	2.44	12.3	1.0	全国	6.78	32.8	4.1

资料来源:温明炬,唐程杰主编. 中国耕地后备资源 [M]. 北京:中国大地出版社,2005:56-57。

经过计算，北京、天津、上海、浙江、广东1996～2005年建设用地面积年均增长率分别为6.78%、6.90%、7.71%、8.57%、11.79%，如按这十年的平均增长率来计算的话，这些地区后备耕地资源开垦完所需时间分别为0.3年、0.1年、0.5年、0.6年和0.1年，说明一些经济发达地区后备土地资源已较少，经济发展的建设空间已接近极限。而一些经济欠发达地区后备土地资源较为丰富，开发潜力较大，如江西、甘肃、新疆1996～2005年建设用地面积年均增长率分别为0.23%、0.78%和6.21%，按此增长速度，这些地区后备耕地资源开垦完所需时间分别为62.1年、42.6年和14.6年。

同时，有些地区土地整理和开发以补充耕地为目标，也造成了陡坡开荒、过度围垦，出现水土流失加剧、土地质量退化等生态问题。资源禀赋的区域差异表明，后备土地资源越稀缺，实现区域耕地占补平衡的代价就越大。在全国范围内实行"一刀切"式的同质耕地占补平衡政策会抑制异质区域的优势发挥，会更加强化区域之间的封锁或封闭。

二、偏重于耕地资源保护而忽视耕地资产经营的非对称冲突

我国耕地保护制度的供给大都偏重于如何保护耕地资源，维持耕地数量的动态平衡和保障耕地的自然生产力，很少涉及耕地资产经营的问题。耕地不仅具有资源的属性，而且具有资产的特征。仅仅注重把耕地作为一种资源来保护，而忽视了耕地的资产来经营，会造成耕地资源没有达到最高最佳利用的原则。耕地作为一种财产型土地，其资产经营是"耕地产权"向"耕地资本"的流转，通过把耕地作为一种资产来经营和保护，从而可增加耕地保护相关方的财产性收入，提高耕地保护的收益。目前，把耕地作为一种资产来经营和保护，在我国一些地区已有所尝试。例如，华西村的土地使用权由集体统一经营使用、重庆的土地新政"允许农民以土地

入股办合作社和公司"、"以住房换宅基地、以社会保障换承包地"、"三个集中"、农村专业合作社的建立以及耕地承包权的抵押试点等都是对耕地资产经营的有益探索。在不改变耕地用途和耕地承包期限内的前提下，借助制度创新，把耕地产权经营和土地开发经营结合起来，通过出让、转让、租赁和抵押等方式发挥耕地的最大价值，唤醒农村沉睡的资本，通过资产经营来提高耕地保护绩效。

三、征地过程中政府以地生财和保障农民土地财产权益的非对称冲突

在我国现行土地政策下，征地把集体所有土地变成国有土地，农用地变成建设用地，从经济上讲，是一个土地市场化和土地资产大幅增值的过程，如果把全部的土地非农收益归被征地的农民享有，是农民求之不得的做法。在实践中，除集体经济组织自用和农民宅基地外，我国法律规定任何单位和个人进行建设需要使用土地的，必须依法申请使用国有土地，集体土地不能进入市场。为了加强耕地保护，实行用途管制，我国将征地审批权收归国务院和省两级政府，由国土部门代表政府直接去征地，用地单位和农民不再直接就土地出让价格进行协商，土地征用补偿标准统一由政府来确定。由于征地补偿标准低，而土地出让价格高，土地征用补偿与土地市场价格之间的差价成了地方政府重要的财政来源。

根据国家审计署2008年公布的审计调查结果，北京等11个城市2004~2006年实现土地出让净收益平均占到同期一般预算收入的26%，政府具有以地生财的利益冲动。目前征地过程中，失地农民上访或者直接抵制征地，主要原因不是为了保护耕地，而是隐含在征地之中的补偿问题——征地补偿太低或补偿方法欠妥。国务院发展研究中心副主任陈锡文指出，如果说计划经济时代的"剪刀差"让农民付出了6000亿~8000亿元代价的话，那么改革开放以来通过低价征用农民的土地，最少使农民蒙受了2万亿元的损

失。我国法律规定地方政府在征用土地时必须为了公共利益的需要才是合法的，否则就是违法操作。然而，因为法律缺乏对公共利益范围的明确界定，从而很难分清政府在征用土地时是为了公共利益的需要，还是非公共利益的需要，这种约束机制实际上难以奏效。征地过程中，失地农民上访或者直接抵制征地，虽然主观上不是为了保护耕地，客观上却可以影响征地过程，起到了保护耕地的作用。而政府虽然是耕地保护的首要社会性利益相关者，却因为以地生财，增加地方财政收入的利益冲动，而大量征地，使得耕地保护缺乏真正的主体。

四、追求土地资源合理利用与土地资源收益分配不公的冲突

土地利用规划方案，采用指标加分区的方法，以耕地保有量、基本农田面积和保护率、非农建设占用耕地面积、城乡规模、新增建设用地和土地开发、整理和复垦补充耕地数量等主要控制指标，对耕地保护情况进行考核和管理。通过土地用途分区，制定土地用途管制规则，制止违背规划规定用途的用地情况发生。在上级人民政府下达的土地利用控制性指标中，基本农田保护指标是根据各县区现有耕地面积和以往建设用地占用耕地情况按比例分解后确定，城乡建设用地按照人口预测、建设用地需求预测和人均用地标准、建设用地集约利用目标等综合分析后确定，交通、水利等国家、省重点基础设施建设项目用地，根据各部门规划优先保障供给。土地整理复垦任务，在摸清土地后备资源家底基础上，按照耕地占补平衡原则确定。按照上述指标分配方法，城市化地区人口增长迅速，规划城市建设区面积大，必然多供给建设用地，按照土地用途管制原则可以进行土地非农开发；而农村地区由于农业剩余劳动力转移和向城市移民，人口减少，少增加或减少建设用地，大多数地方属于农业用地区，按照土地用途管制原则不可以进行土地非农开发。如此一来，就会出现目前农业发达，垦殖系数高，耕地面积大的地方，将来必然多承担些耕地保护责任，无权多进行土地非农开发；而目前城镇规模大，非农产业经济发达，建设用地面积大的地方则少承担耕地保护责任，可以继续进行土地非农开发。它在土地资源合理利用上，符合生产力布局规律，有利于土地规模经营和发挥城市经济集聚效益。然而，在土地利益分配上，由于缺乏耕地保护的区域经济补偿机制，忽视了由于农业是一个弱势经济产业，种植业经济报酬低的基本经济事实，在一定意义上缺乏公平性。分配公平目标即土地利用收益的分配应在各阶层、各地区、各部门、中央与地方之间力争公平，在当代人与后代人之间力争公平（蔡运龙，2001）[①]。但在土地利用总体规划的编制中，土地收益分配却没能很好地平衡耕地保护各相关方的利益诉求，没能体现公平分配的目标。

耕地资源收益分配的非对称还体现在：

（1）耕地收益的空间分配不公平。2012 年 13 个粮食主产区的粮食产量 44609.8 万吨，占全国粮食总产量的比重由 1990 年的 72.83% 上升到 2008 年的 75.66%。主销区粮食产需缺口逐年在扩大，北京、天津、上海、浙江、福建、广东和海南 7 个主销区 2012 年粮食总产量 3422.9 万吨，占全国粮食产量的比重由 1990 年的 11.71% 下降到 2008 年的 5.81%[②]。由于目前粮食生产的比较效益低，区域内的耕地用于种植粮食越多，其单位面积产值相对于建设用地来说就越少；区域内的耕地用于种植粮食越少，由于土地非农开发价值升值快，其单位面积产值就越高。而维护粮食安全和保护耕地既是一种全民福利，也是一种全民责任。发达地区享受了

---

① 蔡运龙. 中国农村转型与耕地保护机制 [J]. 地理科学，2001，21 (1): 4.
② 根据国家发改委的划定，全国 31 个省（区、市）划分为粮食主产区、粮食主销区和粮食产销平衡区。粮食主产区包括河北、内蒙古、辽宁、吉林、黑龙江、江苏、安徽、江西、山东、河南、湖北、湖南和四川 13 个省（自治区）；产销平衡区包括山西、广西、重庆、贵州、云南、西藏、陕西、甘肃、青海、宁夏和新疆 11 个省（自治区）；粮食主销区包括北京、天津、上海、浙江、福建、广东和海南 7 个省（直辖市）。

其他地区保护耕地的好处，承担了较少的耕地保护责任。对于产粮大省的地区而言，生产粮食越多，意味着利益流失越大，同时需付出的耕地保护成本也就越高。产粮大省地区为全国粮食安全所做的贡献并没有在粮食价格上得到体现，这对多耕地保护地区来说显然是不公平的。

（2）耕地收益的时间分配不公平。耕地保护为中国未来农业生产储备了优质耕地，保护了未来的农业生产潜力。同时，"储备"的农业耕地又为规避未来可能发生的农产品供给风险提供了生产保障。但事实上是，当前的耕地保护为规避未来农产品而牺牲了当前的经济效率，而这种经济效率的损失却没有在当前兑现，造成了耕地资源在当前与未来收益分配的不对称。

五、城乡建设用地增减挂钩的非对称利益冲突

我国各地的农村居民点大多是历史上人们根据自然和经济环境条件差异，按照"有利生产，方便生活"的经济原则，以"天人合一"的生态理念而建立起来的。由于地貌类型、水源、交通条件、人口密度、农民居住习惯、耕作半径、农村人口受教育程度、风水观念等一系列自然环境和人文因素的影响，不同地区居民点分布的差异很大。一般说来，平原地区，人口密度大，居民点分布相对集中，自然村个数可能不多，单个村庄面积较大。丘陵山地居民点分布星散，自然村多，单个村庄面积较小。由于农村居民点是以农业生产为主的农村聚落形态，农民大多数是在房屋外的地面上进行农牧林渔业生产活动，生产用地面积大于住所的面积很多倍，且多与住所直接联系，具有"土地依存职业"的特征。

农村居民点和城镇比较，具有小、散、乱的特征。农村居民点的人口以农业为生，即使在现代农业商品率明显提高的情况下，自给自足的程度远高于城市，农村住宅建设标准低，基础设施配套不全，生态环境容量大，脏、乱、差的危害相对较小，居民容易接受。从我国现代化发展的趋势分析，城市是第二、第三产业发展的

理想空间，农村人口居住向城镇集中，也有利于生活质量的提高和农业现代化，为机械化、专业化、规模化、区域化现代农业的发展创造有利条件。我国乡镇企业在改革开放早期的分散布局，是农民和农村为了追求现代化生活质量，克服城乡隔离，缩小城乡差别的合理经济选择，却违背了生产布局的规律（刘卫东，1997）[1]。

我国城乡建设用地增减挂钩是依据土地利用总体规划，将若干拟整理复垦为耕地的农村建设用地地块（即拆旧地块）和拟用于城镇建设的地块（即建新地块）等面积共同组成建新拆旧项目区。通过建新拆旧和土地整理复垦等措施，在保证项目区内各类土地面积平衡的基础上，最终实现增加耕地有效面积，提高耕地质量，节约集约利用建设用地，城乡用地布局更合理的目标，是符合城市化和生产合理布局的土地利用选择。但是，在实际工作中，拆旧地块往往是分布在偏远的丘陵山区，而建新地块往往是选址在平原或城镇的周围，由于它们属于不同的农村集体经济组织，拆旧地块的土地复垦成本高，农业收益低；而建新地块的土地非农开发土地资产增值多，未来利税收入可观。在农村建设用地容许流转，与国有土地同权同价的条件下，如果不能实现"两区"双赢，则可能是建新地块的所在的农村集体经济组织比较积极，而拆旧地块的所在的农村集体经济组织因为失去土地开发权和实际利益受损失而坚决抵制。如果按照城市规划区建设用地出让必须实行土地征收，则可能是建新地块的所在的农村集体经济组织因为土地资源流失而不舍，也会抵制农地转用和征地。国内其他一些学者则强调了实施省际易地开发耕地占补平衡指标置换的作用，认为易地开发耕地占补平衡指标置换既可盘活后备资源丰富地区的存量耕地资源，又能支持发达地区的经济建设，并为国家耕地总量动态平衡和粮食安全做出贡献（谭峻，戴银萍和高伟，2004；刘新平，朱圆甜和罗桥顺，

---

[1] 刘卫东. 上海城郊非农化与城镇化合理发展 [J]. 工业技术经济，1997，16 (4)：51-52.

2006；方斌，倪绍祥和邱文娟，2009）①②③，但是，由于目前这些指标流转和国有土地出让一样，农民并没有得到应得的好处，往往是地方政府积极，而农民实际利益受损有抵触情绪。城乡建设用地增减挂钩需要建立拆旧地块的所在的农村集体经济组织和建新地块的所在的农村集体经济组织之间的土地产权置换机制。

六、城市化过程中农民离乡而不能离土的非对称冲突

城市化是生产力发展的结果，城市化水平提高是现代化的标志。根据统计，改革开放以来，我国城市化水平快速提高，截至2012年年末，全国共有设市城市658个，建制镇数量增加至19881个。2012年建成区面积37162平方公里，比1981年增加了30442平方公里。2012年全国城镇人口达71182万人，城镇人口（居住在城镇地区半年及以上的人口）占总人口比重为52.57%，1979~2012年平均每年增长4.3%。但是，由于长期以来，我国实行城乡分割的户籍管理制度，2012年我国农业人口仍然有86139万人，较农村人口多15214万人，说明他们是处于城乡两栖的居住状态。同时，根据我国第二次全国农业普查，农村外出从业劳动力总计达13181万人，其中在乡外县内从业的劳动力占19.2%，在县外市（地区）内从业的劳动力占13.8%，在市（地区）外省内从业的劳动力占17.7%，去省外从业的劳动力占49.3%。外出从业农民工中，从事第一产业的占2.8%，从事第二产业的占56.7%，从事第三产业的占40.5%。农民工虽然进入了城市，但没有融入城市。农民工与城镇居民相比，面临三个"权益不平等"。首先是社会保

---

① 谭峻，戴银萍，高伟. 浙江省基本农田易地有偿代保制度个案分析 [J]. 管理世界，2004 (3)：105-111.

② 刘新平，朱圆甜，罗桥顺. 省际间易地开发耕地占补平衡指标置换的思考 [J]. 国土资源导刊，2006 (6)：15-16.

③ 方斌，倪绍祥，邱文娟. 耕地保护易地补充的经济补偿的思路与模式 [J]. 云南师范大学学报（哲学社会科学版），2009，41 (1)：49-55.

障不平等；其次是基本医疗和教育等公共服务不平等，农民工子女在流入地读书每学年学费、借读费、赞助费等平均支出占家庭总收入比重还较大；最后是劳动权益不平等，缺乏平等就业机制和利益诉求表达机制。离开了农村，农民工与农村保持着千丝万缕的联系，农民工有工作时靠他们不高的收入可以勉强在城市生活，一旦失业就无法生存，不得不返乡。这样，农民工离乡就难以离土，虽然农村的承包土地不能耕种，也绝不能放弃其土地经营权，在农用地流转制度不健全的情况下，有的甚至宁可撂荒，也不给他人使用。虽然可能长期不去农村居住，却不得不在农村建房。

从人均建设用地面积来看，目前全国人均城镇建设用地已达133平方米，人均农村居民点用地达到214平方米。人均农村居民点用地远远超过国家标准（国家标准上限是150平方米）。一般说来，城市相对于农村，是更加集约型的土地利用方式。但是，我国城市化，由于农民工不能完全市民化，造成了在城乡两处占地，城市建设的发展并没有带来农村居民点的减少，反而使的农村宅基地面积扩大。城市化带来农村剩余劳动力转移，但对于促进农村土地流转和实现农业规模经营贡献较小。农村人口不断增加，随着农村家庭的分家，每户家庭拥有的耕地面积越来越少，地块越来越碎，使用机械或畜力都有限制，种田越来越靠人力劳动；在很多地区带来了种植业劳动力不足，农业经济报酬低，耕地经营越来越粗放，复种指数降低，甚至耕地撂荒。大量的农民工进城而不能市民化，使得城市规划难准确确定未来人口规模，规划用地指标偏紧，容易出现城市建设用地供给不足，房价上涨，投资环境不利于招商引资，提高城市土地集约利用水平缺乏活力；规划用地指标偏松，容易出现房屋空置，浪费土地资源。

七、农村集体建设用地流转的非对称利益冲突

我国农村集体建设用地主要是农村居民点用地，在一些发达地区独立工矿用地因为企业改制，很多已经变成为了国有土地。在一

些乡镇政府驻地的中心城镇，由于它是在原来农村居民点基础上发展起来的，原有的本地居民居住用地也基本是集体土地。近年来，新农村建设，有的地方政府采用国有划拨的方式供给其建设用地，也使得一般的农村居民点成了国有土地。我国农村集体土地既是农民的基本生产资料，也是农民最可靠的生活保障。改革开放以来，我国新增的建设用地主要来源于集体土地，集体土地被大量用于各类项目建设已是不争的事实，其中除集体经济组织自建占用少量集体土地外，绝大多数项目用地都是各级政府和组织以"公共利益需要"为由，将集体土地征收变为国有土地后取得的。由于集体土地大量转为国有土地的过程中，集体经济组织应享有的权利和实际享有的权利相去甚远，广大农民一方面不断抵制政府过多的征收集体土地，另一方面又要求集体土地入市流转享有国有土地同等的权利。

如果城市边缘区位好的城市规划区内的土地，要求农民服从政府要求而同意通过补偿价格远低于市场价格的土地征收把集体土地转为国有；而远离中心城市区位差的城市规划区外的集体建设用地可以市场化，通过招标、拍卖、挂牌形式出让，以远高于目前征地补偿标准的价格直接供应给土地使用者；在今天农民土地资产意识和维权意识明显增强的情况下，政府要想在城市规划控制区范围以内征地可以想象几乎是不可能的事情。并且，由于城市规划控制区范围的划定，虽然有上级政府批准的土地利用总体规划和城市规划文件为依据，但它毕竟是人为划定的，其客观合理性在巨大的土地利益诱导下难免出现争议。以违背土地价格分布规律的行政手段来压制城市规划区内的农民服从政府要求而同意通过补偿价格远低于市场价格的土地征收把集体土地转为国有，对农民是极不公平的。

第五节 本章小结

本章节借鉴西方管理理论中关于利益相关者的理论思想，从紧密性和社会性两个维度出发，把耕地保护利益相关者分为首要的社会性利益相关者、次要的社会性利益相关者、首要的非社会性利益相关者和次要的非社会性利益相关者四种类别。在耕地保护中,这些主体之间发生纵向和横向的联系,相互交织在一起,而他们之间的利益诉求与他们在耕地保护中所担负的角色存在的矛盾会带来耕地保护的种种冲突,主要体现为:征地过程中政府以地生财和保障失地农民土地财产权益的冲突;追求土地资源合理利用与土地资源收益分配不公的非对称冲突;城乡建设用地增减挂钩的非对称利益冲突;城市化过程中农民离乡而不能离土的非对称冲突;农村集体建设用地流转的非对称利益冲突;耕地占补平衡与统筹区域土地利用之间的非对称冲突和偏重耕地资源保护而忽视耕地资产经营的非对称冲突。

第三章　基于 DMAIC 流程的耕地保护利益冲突管理

——"测量"阶段

DMAIC 流程中的测量阶段是连接定义阶段与分析阶段的重要桥梁，它主要围绕定义阶段所识别的对象与事件，测量出冲突强度和找出影响冲突强度的关键因素的实际值，为找出问题的原因提供事实依据与线索。

DMAIC 流程的耕地保护利益冲突管理中的测量阶段，其主要任务是采用恰当的测量指标、恰当的测量方法、评估现行耕地保护政策的运行效果并找出影响耕地保护绩效的关键影响因素。

我国实行世界上最严格的耕地保护制度。近年来颁布的一系列法律、法规中明确规定了耕地总量动态平衡和耕地占补平衡，对基本农田实行严格保护；通过严格审批限制农地转用；鼓励土地开发整理复垦，新增的土地优先农用；各级政府建立以基本农田保护和耕地总量动态平衡为主要内容的耕地保护目标责任制，每年进行考核。通过土地税费制度，如缴纳耕地开垦费、新增建设用地土地有偿使用费、耕地占用税、新菜地开发建设基金和闲置、荒芜耕地的闲置费等，以经济手段促进耕地保护；并对破坏耕地、非法占用土地、拒不履行土地复垦义务等违法行为规定依法惩处。我国这些耕地保护制度的建立，是从我国人多地少、耕地后备资源不足的国情出发的，具有重要的现实意义。但是，正确的政策方案要变成现实，有赖于强有力的政府执行力。如果政府执行力欠缺、不足，政策制定得再好到头来也只是一纸空文。美国决策学者艾利森曾说,"在实现政策目标的过程中,方案确定的功能只占10%,而其余的90%取决于有效的执行"。

本章把"执行力"概念引入到耕地保护政策执行效果评价中,对耕地保护政策的执行力进行量化评估,以期认清我国现行耕地保护政策运行现状,并在此基础上,通过建构模型测算出制约耕地保护绩效提高的障碍因子,对耕地保护绩效影响因素进行病理诊断,挖掘出障碍因子,为进一步提升我国耕地保护绩效提供决策参考。

第一节 耕地保护政策执行力的测度与评析

一、耕地保护政策执行效果评价的理论依据

(一) 耕地保护政策执行力的内涵

当前,尽管人们从理论上对执行力有不同的阐释(伦德纳,1997;周永亮,2004;莫勇波,2005)[1][2][3],但其核心思想都把执行力定义为组织所蕴含的能够把思路、战略、决策、规划与部署付诸实施的能力,而且这种能力是由多种能力的共同作用的结果。基于对执行力的认知以及我国现行耕地保护的实践,本书对耕地保护政策执行力的理解,采用了较为宽泛的概念。耕地保护政策的执行力也是由多种"分力"共同作用所形成的"合力",其"分力"主要表现为:地方政府控制耕地规模目标的能力、稳定耕地质量的能力、保障区域内粮食自给能力、节约集约利用耕地资源水平、耕

---

[1] [美] 伦德纳·D·怀特. 彭和平等编译. 公共行政学研究导论, 国外公共行政理论精选 [M]. 北京:中共中央党校出版社, 1997:46.

[2] 周永亮. 本土化执行力模式 [M]. 北京:中国发展出版社, 2004:211-213.

[3] 莫勇波. 政府执行力:当前公共行政研究的新课题 [J]. 中山大学学报, 2005 (45):68.

地保护行为的成本控制能力、耕地保护行为的守法性和耕地保护行为的公平性等。在时间 t 坐标上，耕地保护政策执行力函数表示为：

$$Y(x) = F(x_1 \times x_2 \times x_3 \cdots x_i, i), \quad i = 1, 2, \cdots, n \quad (3.1)$$

（二）耕地保护政策执行力的 PSR 概念

"压力—状态—响应"（Pressure-State-Response，PSR）模型最初由加拿大统计学家 Rapport 和 Friend（1979）提出，后由经济合作与发展组织（OECD）和联合国环境规划署（UNEP）于20世纪八九十年代共同发展起来的用于研究环境问题的框架体系。[①] PSR模型运用到耕地保护冲突管理中，就是把耕地保护的压力，现状和响应置于一整体系统中来考量耕地保护中各相关因子之间的相互作用。城市化和工业化进程的加快、城市人口的增长、发展要求的多目标性以及耕地保护的外部效应和比较利益的存在等因素的存在，都会进一步激化耕地保护利益主体之间的冲突，给耕地保护带来越来越大的压力（P）。压力之下，耕地规模、质量、粮食安全和耕地保护行为等状态（S）将会产生变化。土地管理者将根据耕地保护的压力、状态及其变化而做出响应（R），如图3-1所示。同时，耕地保护中的压力、状态、响应系统之间的变化速率应达到协调平衡，形成"合力"，任何一方的偏颇都会弱化耕地保护政策的执行力。因此，耕地保护政策执行力的测度实质上是对耕地保护中的"压力—状态—响应"之间的协调性的度量，"压力—状态—响应"系统协调度越高，表明耕地保护政策的执行力越高，反之，则越低。

[①] Organization for Economic Cooperation and Development（OECD）. OECD Environmental Indicators: Developm-ent Measurement and Use ［EB/OL］. http：//www.oecd.org/dataoecd/7/47/24993546.pdf, 2004-05-20.

第三章 基于 DMAIC 流程的耕地保护利益冲突管理　43

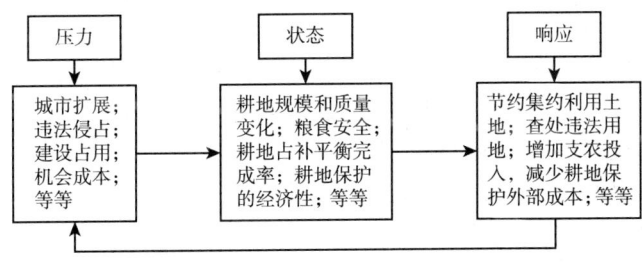

```
    压力              状态               响应
     ↓                ↓                 ↓
┌─────────┐      ┌─────────┐       ┌─────────┐
│城市扩展；│      │耕地规模和质量│   │节约集约利用土│
│违法侵占；│ →    │变化；粮食安全；│ → │地；查处违法用│
│建设占用；│      │耕地占补平衡完│   │地；增加支农投│
│机会成本；│      │成率；耕地保护│   │入，减少耕地保│
│等等      │      │的经济性；等等│   │护外部成本;等等│
└─────────┘      └─────────┘       └─────────┘
     ↑_____|
```

图 3-1　PSR 框架下的耕地保护政策的执行运作简化模型

二、测度方法与模型建构

（一）研究区域和数据来源

以我国 31 个省级行政区为研究样本，1996~2006 年为评价年份，将 13 个评价指标设置为相应的分析变量，建立数据文件。土地面积数据来源于研究年份内的《中国土地年鉴》、《中国国土资源年鉴》、《全国土地利用总体规划纲要（2006~2020 年）》、《全国土地利用总体规划纲要（1997~2010 年）》和各省市区 1997 年、2010 年土地利用总体规划和国土资源部信息中心主办的资源网；社会经济数据来源于研究年份内的《中国统计年鉴》，以及部分数据来源于中国统计数据库。

（二）指标选取原则

建立科学合理的评价指标体系关系到评价结果的准确性。本书在指标选取时主要遵循了以下几个原则：第一，系统性原则。从系统论角度看，耕地保护利益相关者之间的利益诉求与他们在耕地保护中所担负的角色存在的矛盾相互关联、相互作用、相互交织，这种联系通过"作用—反馈—再作用"这一思维逻辑，把耕地保护的压力、状态和响应三方面指标的因果关系展示出来。第二，典型性原则。在指标选取时，选取的指标要最大限度地反映出耕地保护利益冲突的特征属性。第三，动态性原则。耕地保护利益冲突是一个不断动态变化的复合系统，仅对冲突系统某一特定时期的状态进行评价不能全面地反映其实际状况。在实际评价工作中,针对具体情况在时空的尺度上进行扩展,收集若干年度的变化值。第四,可比、可操作、可量化原则。指标选取应尽量简单明了、便于收集和运算,最好是国家统计部门公布的统计数据。

本书遵照以上原则,建立反映耕地保护利益冲突的压力、状态和响应指标体系(如表3-1所示),分为目标层、控制层、操作层,共13个指标因子。并采用德尔菲(Delphi)法确定各指标权重。

表3-1　"压力—状态—响应"框架下耕地保护政策执行力的测度指标体系及其权重

评价目标	子系统	测度因子	具体指标	权重
耕地保护政策运行效果评价	压力	建设占用耕地行为	建设用地占用耕地年均比重*(X_1)	0.05
		违法侵占耕地行为	土地违法中破坏耕地总案件数*(X_2)	0.05
		耕地保护比较收益	单位城区面积第二、第三业产值与单位耕地产值的平均差额*(X_3)	0.05
	状态	控制耕地规模能力	耕地增减变化率(X_4)	0.15
			耕地保有量指标完成率(X_5)	0.15
			耕地占补平衡完成率(X_6)	0.15
		稳定耕地质量能力	旱涝保收面积变化率(X_7)	0.05
		保障粮食安全能力	人均粮食平均占有量/248.56千克的均值(X_8)	0.10
		耕地保护行为的成本控制能力	行政经费收入总额变化率*(X_9)	0.05
			土地开发整理复垦投资总额与新增开发整理复垦土地总面积的比值*(X_{10})	0.05
	响应	耕地集约利用能力	单位耕地种植业产值增长率(X_{11})	0.05
		耕地保护的守法性	破坏耕地案件结案总数(X_{12})	0.05
		维护耕地保护公平	支农财政投入增加率(X_{13})	0.05

注:标注"*"符号的指标为负向作用评价指标;涉及增长率和变化率的指标计算是以中国各地区1996年相应指标值为比较参照值;耕地占补平衡完成率=土地开发、复垦、整理和农业结构调整增加耕地面积/建设占用耕地面积;由于资料限制,土地开发整理复垦投资总额采用2000~2004年数据;粮食安全系数的确定参照了胡靖(2003)等人的研究成果。

(三) 模型构建

灰色关联分析是系统态势的量化比较分析，实质是比较若干数列所构成的曲线与理想数列所构成的曲线几何形状的接近程度，以此作为评价对象优劣的依据（刘思峰，党耀国和张岐山，2004）[①]。

协调度是系统要素或系统之间彼此和谐一致的程度，它左右着系统相变的特征和规律（吴大进，1999）[②]。协调度函数正是对这种协同作用程度的一种测算方法。

运用灰色关联分析法进行评价只能反映测评对象的优劣水平，不能反映不同系统下各测评指标之间的相互作用关系，而地方政府耕地保护政策的执行力测评是对耕地保护中的"压力—状态—响应"三个子系统相互作用关系的评价，任何一子系统的偏离都会对耕地保护政策执行力产生影响。

基于对灰色关联分析法和协调度的理解，本书采用的测度模型主要分为两大部分：一是从全国31个地区1996~2006年耕地保护压力子系统（状态和响应子系统）的指标值中选取最优值组成压力系统下（状态和响应子系统）的参考数列，被评价单元的各指标作为比较数列，运用灰色关联法分别计算出耕地保护中的压力、状态和响应三个子系统的评价值，用其分别表征三个子系统的优劣程度；二是根据压力、状态和响应三个子系统的评价值，引入协调度函数来度量"压力—状态—响应"整个系统的协调状况水平。

具体步骤如下：

（1）对压力系统下的 m 个评价单元选择 n 个评价指标进行综合评价（如果 n 个指标中有逆指标或适度指标，则将其正向化），则参考数列表示为：$x_{oj} = \{x_{oj} | j = 1, 2, \cdots, n\}$，比较数列为：$x_{ij}$

[①] 刘思峰，党耀国，张岐山. 灰色系统理论及其应用（第三版）[M]. 北京：科学出版社，2004：54 – 83.

[②] 吴大进. 协同学原理和应用 [M]. 武汉：华中理工大学出版社，1999：1 – 3.

$= \{x_{ij} | (i = 1, 2, \cdots, m; j = 1, 2, \cdots, n)\}$。

（2）对压力系统下的原始数据标准化，计算公式为：

$$e_{ij} = \frac{x_{ij}}{\sqrt{\sum_{k=1}^{n} x_{ij}^2}} \tag{3.2}$$

（3）计算压力系统下的关联系数。把经过规范化后的数列 $e_{oj} = \{e_{oj} | j = 1, 2, \cdots, n\}$ 记为参考数列，$e_{ij} = \{e_{ij} | (i = 1, 2, \cdots, m; j = 1, 2, \cdots, n)\}$ 定为比较数列，则灰色关联系数计算公式为：

$$\xi_{ij} = \frac{\min_i \min_j |e_{oj} - e_{ij}| + \rho \max_i \max_j |e_{oj} - e_{ij}|}{|e_{oj} - e_{ij}| + \rho \max_i \max_j |e_{oj} - e_{ij}|} \tag{3.3}$$

其中，ρ 是分辨系数，一般取 0.5，ξ_{ij} 为第 i 个评价单元第 j 个指标与第 j 个最佳指标的关联系数。

（4）计算压力系统下的灰色加权关联度。若对 m 个方案进行决策比较，就必须将每个方案的 n 个指标的关联系数综合为信息更集中的关联度，其计算公式为：

$$R_i = \frac{1}{n} \sum_{j=1}^{n} \omega_j \times \xi_{ij} \tag{3.4}$$

其中，R_i 为第 i 个评价单元对参考对象的灰色加权关联度，ω_j 为第 j 个指标的权重。

（5）同理，状态系统、响应系统下的各评价单元的灰色关联度（评价值）的计算也按照步骤（1）至步骤（4）可求得。

（6）利用协调度函数来判断评价单元的"压力—状态—响应"三个子系统协调状况的好坏：

$$C_i = \frac{R_i^P + R_i^S + R_i^R}{\sqrt{R_i^{P2} + R_i^{S2} + R_i^{R2}}} \tag{3.5}$$

其中，C_i 为第 i 个评价单元的协调度指数；R_i^P，R_i^S，R_i^R 分别为第 i 个评价单元的压力、状态、响应三个子系统的评价值。

三、测度结果及其评析

(一) 耕地保护政策执行力的测评结果

根据上述所构建的评价方法与模型，对全国 31 个省级行政区 1996~2006 年的耕地保护政策执行力水平进行测算。为了更直观地反映区域差域，对"压力—状态—响应"系统综合协调度采用效用值来表征各个研究样本的耕地保护政策执行力的高低，并规定效用值的取值范围为 [0，100]。PSR 综合协调度采用效用值计算公式为：

$$V_i = [(C_i - C_{i\min})/(C_{i\max} - C_{i\min})] \times 100 \quad (3.6)$$

其中，V_i 表示第 i 个样本耕地保护政策执行力的效用值，C_i 表示第 i 个样本"压力—状态—响应"系统的协调度值，$C_{i\max}$ 表示 i 个样本中的"压力—状态—响应"系统最大协调度值，$C_{i\min}$ 表示第 i 个样本中的 PSR 系统最小协调度值。

具体运算结果，如表 3-2 及图 3-2 所示。

表 3-2　　　　我国耕地保护政策执行力评价运算结果

地区	压力子系统评价值	状态子系统评价值	响应子系统评价值	"压力—状态—响应"系统综合协调度	协调度效用值	排名
北京	0.5903	0.1368	0.4031	1.5530	43.97	27
天津	0.7657	0.3004	0.3927	1.6005	64.97	21
河北	0.6264	0.3271	0.3895	1.6644	93.18	5
山西	0.7006	0.3073	0.2977	1.5904	60.5	24
内蒙古	0.8918	0.3587	0.5346	1.6230	74.89	12
辽宁	0.7311	0.3355	0.3470	1.6136	70.75	18

续表

地区	压力子系统评价值	状态子系统评价值	响应子系统评价值	"压力—状态—响应"系统综合协调度	协调度效用值	排名
吉林	0.8262	0.3952	0.5236	1.6541	88.62	8
黑龙江	0.6826	0.3984	0.4324	1.7799	100	1
上海	0.5596	0.2394	0.2508	1.5947	62.41	23
江苏	0.7274	0.2693	0.4003	1.6005	64.97	22
浙江	0.6097	0.1966	0.3435	1.5818	56.69	26
安徽	0.4979	0.3454	0.2563	1.6713	96.21	3
福建	0.7198	0.3212	0.2323	1.5495	42.45	28
江西	0.5550	0.3384	0.3225	1.6756	98.13	2
山东	0.7998	0.3685	0.3530	1.6035	66.28	20
河南	0.6961	0.3296	0.3785	1.6363	80.76	10
湖北	0.8509	0.3903	0.4074	1.6148	71.27	17
湖南	0.7862	0.3365	0.4624	1.6304	78.18	11
广东	0.7861	0.2966	0.3792	1.5859	58.52	25
广西	0.8148	0.3474	0.4293	1.6168	72.17	16
海南	0.8992	0.2904	0.2185	1.5518	0	31
重庆	0.8956	0.2933	0.2550	1.4790	11.3	30
四川	0.8323	0.3149	0.5423	1.6212	74.11	15
贵州	0.8139	0.3245	0.4444	1.6110	69.62	19
云南	0.7724	0.3400	0.4099	1.6226	74.7	13
西藏	0.7837	0.3465	0.2207	1.5267	32.35	29
陕西	0.5691	0.2583	0.4586	1.6589	90.77	6
甘肃	0.7189	0.3260	0.5246	1.6560	89.46	7
青海	0.6505	0.2403	0.6428	1.6219	74.41	14
宁夏	0.5254	0.2664	0.5496	1.6650	93.45	4
新疆	0.7354	0.3630	0.4297	1.6505	87.02	9

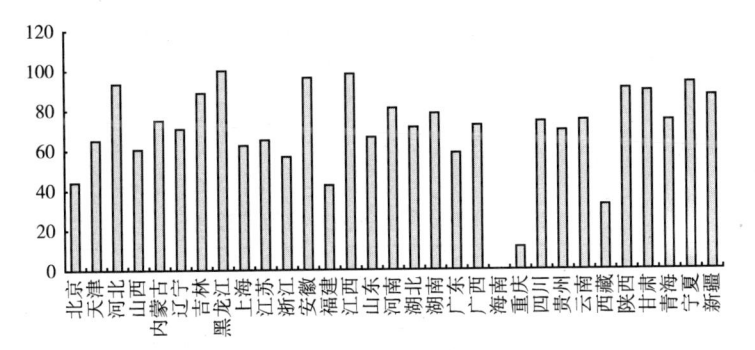

图3-2 我国耕地保护政策执行力的效用值

(二) 我国耕地保护政策执行力的评析

根据耕地保护中"压力—状态—响应"系统协调度的效用值散点图（见图3-3）分布特征及其回归方程 $Y = -0.0105X^3 + 0.4212X^2 - 6.3313X + 111.92$，分别取 $X_1 = 5$，$X_2 = 10$，$X_3 = 15$，$X_4 = 20$，$X_5 = 25$，求得 $Y_1 = 89.48$，$Y_2 = 80.32$，$Y_3 = 77.49$，$Y_4 = 70.13$，$Y_5 = 53.39$。

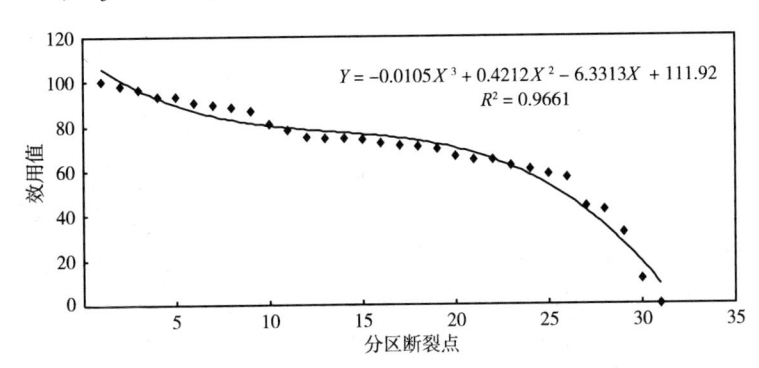

图3-3 我国耕地保护政策执行力效用值分布特征散点图

为研究需要，根据 Jenks 自然最佳断裂点分级方法把区间分级标准定为：一级区间 [100, 81]，二级区间 [80, 70]，三级

区间 [69, 54]，四级 [53, 0]，结合表3-2和图3-2计算的效用值，对全国31个省（市、区）样本的耕地保护政策执行力进行分等定级。

具体结果如表3-3所示。

表3-3 我国耕地保护政策执行力效用值等级划分

区间	等级划分	地　　区
81~100	1级	黑龙江、江西、安徽、宁夏、河北、陕西、甘肃、吉林、新疆
70~80	2级	河南、湖南、内蒙古、云南、青海、四川、广西、湖北、辽宁、贵州
54~69	3级	山东、天津、江苏、上海、山西、广东、浙江
0~53	4级	北京、福建、西藏、重庆、海南

从省际之间的横向比较来看，"压力—状态—响应"系统综合协调度最高为黑龙江1.7799，最低海南1.5518。在压力子系统"压力—状态—响应"评价值中最低为安徽0.4979，其次宁夏0.5254和江西0.5550，这些地区的耕地保护的外在压力小。山东、天津、江苏、上海、山西、广东、浙江和北京等经济较发达的省区，产业结构调整较快，城市化水平较高，基础建设投资大，增长速度较快，压力子系统的评价值相对较高。北京的状态子系统评价值最低，影响了其最后的效用值得分。由于耕地集约利用水平或生态环境的影响，福建、西藏、重庆和海南地区的响应子系统反映较弱。可见，正确认清和协调好耕地保护中的"压力—状态—响应"系统之间的冲突可以提高整个耕地保护系统的运作效率。

从单个省份的纵向比较来看，黑龙江、江西、安徽的执行力排在前3位，说明这三个省份相对其他省份来说，耕地保护政策运行效果是较好的，但其耕地面积1996~2008年期间都是减少的，黑龙江减少了4300公顷，江西减少了166335公顷，安徽减少了241500公顷。通过对全国31个省市耕地保护政策执行力的测度表明现行的耕地保护政策尽管对保护我国有限的耕地资源起到了一定的积极作用,但并没有达到预期的政策目标。

政策的形成过程实际上是各种利益集团把各自的利益要求投入到政策制定系统中,由政策主体依据自身利益的需求,对复杂的利益关系进行调整的过程,而这种调整过程中必然会引发利益主体之间的冲突。如果利益冲突没能科学有效得到协调就会带来政策执行上的低效。我国耕地保护政策没能达到预期的目标,政策执行不力的深层次原因也是由于耕地保护中所产生的多样化的利益关系没能科学合理地得到管理,耕地保护利益主体多元化的利益诉求在土地开发利用过程中并未能得到公平的保障和有效的协调。例如,耕地保护政策执行力的"压力—状态—响应"系统协调程度排名前10位的大都是中等或欠发达的地区,而排名后10位的基本上是经济发达的地区。在耕地保护政策执行的区域差异中,"建设"与"保护"的冲突在经济发达地区显得尤为突出。

第二节 影响耕地保护绩效的障碍度因子诊断分析

对耕地保护绩效影响因素进行病理诊断,挖掘出障碍因子,为进一步提升我国耕地保护绩效提供决策参考。具体操作中,主要通过建构模型测算出制约耕地保护绩效水平提升的障碍因子。通过测算各指标障碍度来加以考察,计算公式如下:

设 $\min(c_j)$、$\max(c_j)$ 分别为操作层指标 c_j 的最小实际代码、最大实际代码,$\max(e_{ij})$ 为规范化数列 e_{ij} 在评价年度序列内的最大属性值,s 为相应操作层指标的实际代码,$i=1,2,\cdots,m$;$j=1,2,\cdots,n$,$s \in j$,定义 BD_s 为第 s 个操作层指标的障碍度,则有:

$$BD_s = \left(\frac{\text{评价参考数列组合而成的最优综合评价值 } Opt1}{\text{基于操作层指标 } Cs \text{ 现状年度值组合而成的次优综合评价值 } Opt2} - 1 \right) \times 100\%$$

(3.7)

其中：

$$Opt1 = \sum_{k=\min(c_j)}^{\max(c_j)} [\omega_j \times \max(e_{oj})]$$

$$Opt2 = \begin{cases} (\omega_s \times e_s) + \sum_{k=(s+1)}^{\max(c_j)} [\omega_j \cdot \max(e_{ij})], s = \min(c_j) \\ (\omega_s \times e_s) + \sum_{k=\min(c_j)}^{s-1} [\omega_j \cdot \max(e_{ij})] \\ \quad + \sum_{k=(s+1)}^{\max(c_j)} [\omega_j \cdot \max(e_{ij})], \min(c_j) < s < \max(c_j) \\ (\omega_s \times e_s) + \sum_{k=\min(c_j)}^{s-1} [\omega_j \cdot \max(e_{ij})], s = \max(c_j) \end{cases}$$

通过对单项操作层指标障碍度 BD_s 大小的排序，从而确定各障碍因子对耕地保护绩效的影响程度。

在耕地保护绩效整体评价的基础上，运用公式（3.7）对影响 2014 年我国耕地保护绩效进一步提升的因子障碍水平进行检验，并将所得计算值转换为百分制。按障碍度的大小进行排序，排名前 3 位的因子，如表 3-4 所示。

表 3-4　　影响我国耕地保护绩效水平前 3 位的障碍因素　　单位：%

地区	1	2	3	地区	1	2	3
北京	c_1 (55.94)	c_4 (36.96)	c_8 (29.73)	吉林	c_1 (31.09)	c_3 (22.43)	c_{11} (19.08)
天津	c_1 (51.14)	c_4 (29.92)	c_8 (19.34)	黑龙江	c_1 (51.20)	c_3 (19.17)	c_{11} (16.04)
河北	c_1 (21.16)	c_3 (20.09)	c_{11} (19.13)	上海	c_1 (65.18)	c_4 (49.21)	c_8 (39.32)
山西	c_1 (31.23)	c_3 (20.15)	c_{11} (19.80)	江苏	c_1 (45.94)	c_5 (42.71)	c_8 (40.96)
内蒙古	c_1 (11.07)	c_3 (10.79)	c_{11} (9.49)	浙江	c_1 (31.54)	c_4 (44.21)	c_8 (40.03)
辽宁	c_1 (21.08)	c_3 (18.64)	c_{11} (14.13)	安徽	c_1 (21.15)	c_{11} (21.09)	c_3 (20.16)

续表

地区	1	2	3	地区	1	2	3
福建	c_1 (41.30)	c_3 (31.17)	c_3 (21.37)	四川	c_1 (21.24)	c_{11} (20.19)	c_3 (18.09)
江西	c_1 (21.17)	c_{11} (18.21)	c_3 (14.18)	贵州	c_1 (18.15)	c_3 (11.27)	c_1 (10.24)
山东	c_1 (61.38)	c_5 (20.03)	c_4 (14.25)	云南	c_1 (17.20)	c_{11} (16.21)	c_3 (12.91)
河南	c_1 (31.30)	c_3 (12.73)	c_{11} (10.14)	西藏	c_1 (10.07)	c_5 (10.03)	c_{11} (8.77)
湖北	c_1 (41.24)	c_8 (16.96)	c_{16} (9.73)	陕西	c_1 (21.24)	c_3 (12.73)	c_{11} (11.35)
湖南	c_1 (38.15)	c_8 (14.25)	c_7 (7.23)	甘肃	c_1 (28.15)	c_6 (26.05)	c_{11} (21.66)
广东	c_1 (41.20)	c_5 (32.19)	c_8 (11.93)	青海	c_3 (21.20)	c_1 (19.22)	c_{11} (18.17)
广西	c_1 (29.07)	c_{12} (10.25)	c_3 (9.80)	宁夏	c_3 (29.07)	c_1 (22.07)	c_{11} (21.18)
海南	c_1 (23.50)	c_{11} (19.09)	c_3 (12.49)	新疆	c_1 (33.41)	c_6 (33.41)	c_{11} (21.33)
重庆	c_1 (21.31)	c_5 (24.05)	c_8 (14.13)	全国障碍度平均值	c_1 (31.84)	c_3 (22.73)	c_{11} (20.42)

注：指标代码后括号内数据表示相应指标的障碍度大小。

通过表 3-4 可以得出以下结论：

（1）按照操作层指标障碍度大小的排序，影响全国耕地保护绩效水平的障碍因子主要集中在建设用地年均增长率、单位城区面积第二、第三产业值与单位耕地种植业产值的比值变化率和单位耕地产值增长率。这三个指标是提高耕地保护绩效的着力点，是政策制定的出发点和落脚点。

（2）建设用地增长是制约我国耕地保护绩效的最大障碍因子和最关键的影响因素，说明我国农地非农化地压力较大，保护与建设的矛盾依然突出。同时，耕地产值在市场交易条件下还偏低，耕地保护的机会成本还较高。

第三节　本章小结

本章从执行力角度出发，运用灰色关联分析法和协调度函数建构测度模型，基于"压力—状态—响应"模型定量评价了我国耕地保护政策的执行效果，认清我国现行耕地保护政策运行现状并查找出存在的问题。通过对全国 31 个省市耕地保护政策执行力的测度可以看出，现行的耕地保护政策，尽管对保护我国有限的耕地资源起到了一定的积极作用，但并没有达到预期的政策目标。从省际之间的横向比较来看，"压力—状态—响应"系统协调度最高为黑龙江 1.7799，最低海南 1.5518。从单个省份来看，黑龙江、江西、安徽的执行力排在前 3 位，说明这 3 个省份在全国来说耕地保护政策运行效果是较好的，但其耕地面积 1996～2012 年期间都是减少的。建设用地增长是制约我国耕地保护绩效的最大障碍因子和最关键的影响因素，说明我国农地非农化的压力较大，保护与建设的矛盾依然突出。同时，耕地产值在市场交易条件下还偏低，耕地保护的机会成本还较高。要进一步提高耕地保护政策的运行效果，就必须找出耕地保护利益冲突产生的内在机理，并在此基础上构建和完善我国耕地保护利益冲突的管理体系。

第四章 基于 DMAIC 流程的耕地保护利益冲突管理

——"分析"阶段

分析阶段作为 DMAIC 模型的重要一环，其主要任务就是要找到问题的症结和产生问题的根本原因，分析准确了才能对症下药。

在耕地保护利益冲突管理中，"分析"阶段的主要工作是对前面两个阶段所收集到的信息进行分析，判断冲突产生的原因，找出问题的潜在根源，这是下一步制定避免冲突发生的具体改进措施的依据。此外，还要分析当前处理冲突方式的不合理之处，这有助于制定缓解或消除冲突的方法。

耕地保护利益冲突的产生主要植根于三大因素之中，从耕地保护的外部环境来看，耕地保护外部环境的区域非均衡性是耕地保护冲突产生的外在因素；从内在原因来看，耕地保护成本收益的非对称核算是耕地保护冲突产生的内生因素；从政策层面上来看，现行土地管理制度的不完善是造成耕地保护冲突的重要制度原因。

第一节 我国耕地保护外部环境的区域非均衡

一、土地自然生产潜力区域非均衡

土地生产潜力是指在目前自然环境状况下土地的最大自然生产能力。它是在综合考虑太阳辐射、温度的有效性、水分有效性和土壤肥力等因素的作用,而计算出来的土地种植作物能够自然实现的最高产量。根据党安荣、阎守邕和吴宏歧等基于地理信息系统和全国农业资源数据库,运用机制法对我国土地生产潜力的研究(2000)①,结果表明:我国土地生产潜力受自然环境条件的影响,具有南高北低、东高西低的特点,全国84.69%的县(市)土地生产潜力在亩产200～1500千克之间,其中55.93%的县(市)土地生产潜力在亩产400～600千克之间;有7.07%的县(市)土地生产潜力在亩产1500千克以上,有6.24%的县(市)土地生产潜力在亩产200千克以下,如表4-1所示。

表4-1　　　　　　我国土地生产潜力的地域分布

生产潜力		县(市)个数	分布范围
千克/公顷	千克/亩		
<3000	<200	151	青藏高原大部、南疆地区、甘西及蒙西地区
3000～6000	200～400	288	内蒙古东部及长城沿线区、北疆地区、青藏高原东南边缘
6000～12000	400～800	740	淮河—秦岭—大巴山以北,大兴安岭及长城沿线以东的黄淮海平原和东北地区
12000～22500	800～1500	1069	淮河—秦岭—大巴山—横断山以南、以东,南岭以北的华中地区
≥22500	≥1500	171	南岭以南的华南地区

资料来源:党安荣,阎守邕,吴宏歧等.基于GIS的中国土地生产潜力研究[J].生态学报,2000,20(6):910-915.

二、土地开发投入区域非均衡

我国各地经济实力不同,各地进行土地开发投入的能力和水平

---

① 党安荣,阎守邕,吴宏歧等.基于GIS的中国土地生产潜力研究[J].生态学报,2000,20(6):910-915.

也不一样。如图4-1所示，2012年，上海、北京、天津、江苏、浙江、广东单位土地面积平均产生的地方财政收入超过30万元/公顷，相当于全国平均水平的2倍，除广东外，其单位面积土地分摊的固定资产投资也超过15亿元/公顷。辽宁、重庆、福建、河南、安徽、河北、山西、海南、湖北、湖南单位土地面积平均产生的地方财政收入高于全国平均水平，其单位面积土地分摊的固定资产投资大多超过8亿元/公顷。其他地区单位土地面积平均产生的地方财政收入低于全国平均水平，其单位面积土地分摊的固定资产投资也在全国平均水平以下。

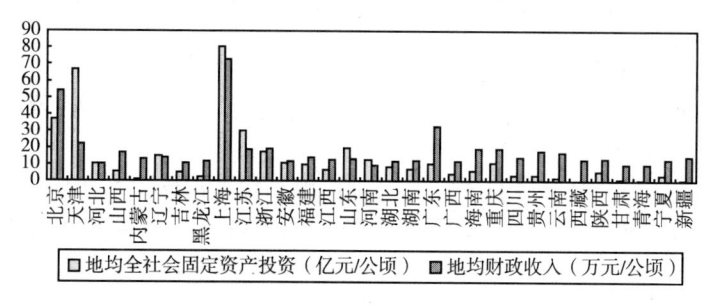

图4-1　2012年我国土地开发投入区域差别

三、招商引资吸引力区域非均衡

区位选择对农业、工业和第三产业的布局和发展意义深远。随着经济和社会的发展以及科学技术的进步，人们的联系方式、通信手段日新月异，各种新技术不断变更，使得以地域为限制的某些特征已经不复存在，但是，发挥区位优势和合理定位选址仍是企业追求的目标之一。

根据金凤君，王成金和李秀伟（2008）[①] 以我国2365个县级

---

① 金凤君，王成金，李秀伟. 中国区域交通优势的甄别方法及应用分析 [J]. 地理学报，2008，63 (8)：777-798.

地域单元为样本的实证分析发现，全国各地区的交通优势度有着较为明显的空间差异，大致呈现出沿海逐渐向内陆依次递减的趋势。沿海地区有着较高的通达水平，例如，长江三角洲、京津、珠江三角洲三大地区平均交通优势度分别为1.65，1.43和1.48，为全国平均水平的2.25倍、1.95倍和2.02倍。成渝地区、武汉都市圈、沈阳、哈尔滨、济南、石家庄、南宁等中心城市的周边地区和中原城市群、长株潭城市群、厦漳泉城市群以及关中城市群等城镇密集区，平均交通优势度均超过1.20，具有较好的发展潜力，交通设施的支撑能力相对较高。在西部地区，仅围绕省会城市呈现一定的空间通达性，如昆明、贵阳、兰州、乌鲁木齐等，但覆盖范围较小。我国的区域交通优势度总体上呈"偏正态"分布特征，极少数的地域（比例为1.4%）具有较强突出的交通优势。

我国各地区位条件不同，基础设施配套完善程度不一样，对外招商引资的吸引力差异明显，利用境内外资源和市场的能力不一致。2012年，广东、上海、江苏、浙江、山东、北京、福建、天津、辽宁和河北等省（市）是我国外向型经济最发达的地区，实际利用外资总额占全国的90.61%，出口总值占全国的73.85%。其中，上海、江苏、浙江等长江三角洲地区实际利用外资总额占全国的47.29%，出口总值占全国的29.90%；拥有珠江三角洲的广东实际利用外资总额占全国的24.31%，出口总值占全国的12.66%，在全国各省（市、自治区）中居首位；山东、北京、天津、辽宁和河北等省（市）构成环渤海经济圈实际利用外资总额占全国的15.58%，出口总值占全国的24.67%，拥有闽江三角洲的福建实际利用外资总额占全国的3.43%，出口总值占全国的6.62%，在全国各省（市、自治区）中居前7位，如图4-2所示。

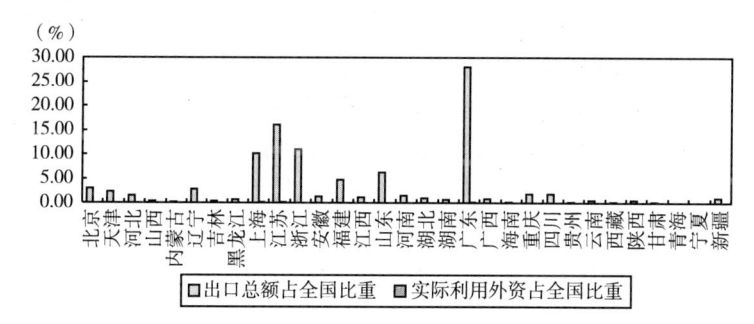

图 4-2　2012 年全国各地区实际利用外资与出口总额
各占全国比重的比较

四、土地非农化效益区域非均衡

我国经济快速发展，是工业化和城市化的结果，土地非农开发起到了积极的推动作用。农用地变成为建设用地，其土地价格大幅度升值。一是其区位独特，并非所有的土地都适合于非农业开发，具有资源的稀缺性；二是其获得了规划许可，捷足先登，其他农地丧失了与之竞争的开发权利，也可以说存在着其他农用地开发权的转移；三是建设用地单位面积的经济产出高，地租支付能力强。我国各地建设用地的扩展的实际效果证明，建设用地的增加与国内生产总值成正比，它不仅给予第二、第三产业得以发展的空间，对于促进区域交通、通信、供水等一系列基础设施建设和提高居民的生活方便程度，促进生产要素的空间集聚具有重要的作用。

我国各地土地非农开发，由于资本、劳动和技术条件的地域差异，单位建设用地的经济产出能力差别较大。我国单位建设用地面积第二、第三产业增加值的分布，具有沿海向内地，城市向周边递减的趋势。全国各省（市、自治区）中以上海最高，2012 年上海市单位建设用地面积第二、第三产业增加值为 396.43 万元/公顷，是全国平均水平的 7.4 倍；其次是北京、浙江、广东、天津和福建，单位建设用地面积第二、第三产业增加值超过 100 万元/公顷，是全国平均水平的 1.9 倍以上。东北地区和西南地区单位面积建设用地第二、第三产业增加值较低，除重庆、辽宁外，大多不及全国平均水平的 68%；西北地区最低，除陕西外，大多不及全国平均水平的 50%，如图 4-3 所示。

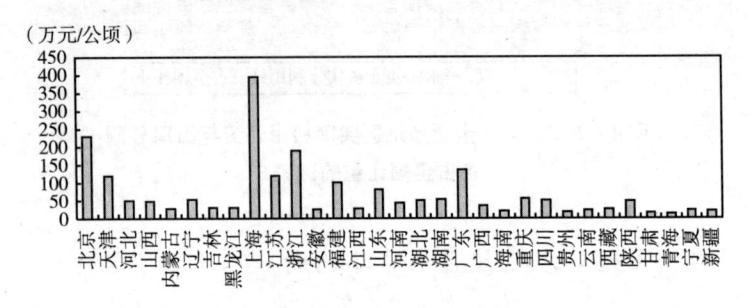

（万元/公顷）

图 4-3 2012 年全国各地区单位建设用地面积第二、
第三产业增加值的比较

我国各地建设用地的经济产出能力也直接影响着城市土地出让的价格的高低，如表 4-2 所示。单位面积土地出让平均价格，全国以北京、上海、天津最高，超过 550 万元/公顷，相当于全国平均水平的 1.9 倍；浙江、四川、江苏、重庆、辽宁、福建次之，超过 400 万元/公顷，高于全国平均水平；黑龙江、西藏、吉林、内蒙古、甘肃、青海、新疆较低，较全国平均水平低 31%，反映出了土地资源稀缺性对于土地成交价格的影响。单位土地面积招标出让平均价格与单位土地面积出让平均价格的分布趋势基本一致，但是，其属于土地市场公开竞争形成的，市场经济发育程度对于城市地价的影响更显著。全国以浙江省最高，就是最好的说明。

表4-2　　2005~2012年全国各地城市土地出让平均价格

单位：万元/公顷

省（市、自治区）	单位土地面积出让平均成交价格	单位土地面积招标出让平均成交价格	省（市、自治区）	单位土地面积出让平均成交价格	单位土地面积招标出让平均成交价格
北京	863.68	2206.29	湖北	375.54	1360.44
天津	576.37	3030.96	湖南	337.91	569.29
河北	330.79	511.22	广东	310.97	971.41
山西	300.04	655.68	广西	329.4	1538.67
内蒙古	188.01	62.01	海南	323.95	326.89
辽宁	421.68	327.84	重庆	414.92	558.87
吉林	270.62	325.6	四川	475.99	203.4
黑龙江	298.41	118.79	贵州	331.09	357.08
上海	653.37	889.36	云南	311.04	403.81
江苏	471.84	1518.9	西藏	289.83	391.17
浙江	559.96	3338.12	陕西	383.21	442.48
安徽	383.2	596.68	甘肃	162.49	258.07
福建	417.51	448.08	青海	153.54	413.27
江西	386.33	551.69	宁夏	308.3	481.89
山东	308.81	619.94	新疆	153.34	556.63
河南	296.48	763.95	全国	367.37	799.95

五、农业发展条件区域非均衡

农业生产条件是农业现代化水平的反映，也是耕地保护的重要条件之一。我国农业生产条件和耕地分布数量、农业生产规模是密切联系的，一个地区的耕地面积越大，其需要的农业机械总动力、化肥施用量、农业用电量、农业灌溉需求可能越大；同理，两个地区的成灾面积相同，显然是耕地分布数量和农业生产规模较小的地区受灾更加严重。为了正确反映农业生产条件的优势度，将每个地区的农业机械总动力、化肥施用量、农业用电量、农田灌溉面积和农业成灾面积占全国同类指标的总量的百分率与每个地区的面积占全国耕地总面积的比例的比值作为评价依据。

从图4-4可知，从农业灌溉条件分析，上海、天津、江苏、新疆、北京条件最好，其优势度在1.70以上；浙江、河北、湖南、福建、江西、山东、河南、安徽和西藏次之，优势度在1.00以上，高于全国平均水平。化肥施用状况，以福建、江苏和广东最高，其优势度在1.70以上；河南、北京、山东、湖北、湖南、上海、天津、海南、安徽、浙江、广西、河北、江西次之，优势度在1.00以上，高于全国平均水平。农村用电以上海、浙江、广东、北京、江苏、天津和福建最高，其优势度在3.00以上，远高于全国平均水平；河北、山东、辽宁次之，优势度在1.00以上，高于全国平均水平。农业受灾威胁程度，以海南省最高，其优势度在3.00以上，远高于全国平均水平；福建、湖南、宁夏、湖北、安徽、浙江、山西次之，其优势度在1.50以上，高于全国平均水平50%；云南、陕西、江西、重庆、广西和甘肃农业防灾任务也比较大，其优势度在1.0以上，其农业受灾程度也高于全国平均水平。农业机

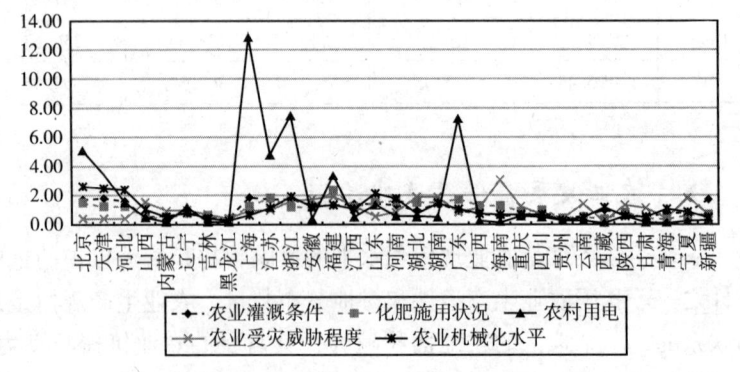

图4-4 全国各地区农业发展条件比较

械化水平，北京、天津、河北、山东最高，其优势度在 2.00 以上，远高于全国平均水平；浙江、河南、湖南、福建、安徽、江苏、西藏、江西、青海、广东、山西次之，优势度在 1.00 以上，高于全国平均水平。

六、我国耕地保护的区域困境

根据对我国耕地保护环境的非均衡性分析，不难发现，我国耕地保护面临着如下几个方面的困境。

（1）我国耕地资源分布最为集中和土地生产力最高的区域，也是城市建设较为理想和投资成本最小、投资见效最快、经济效益最好的区域。

（2）我国虽然建立了世界上最为严格的耕地保护制度，但同时也是世界上征地最为容易的国家。我国农转用和征地最多的地区，也是人均耕地最少，耕地资源最为稀缺的区域。

（3）西部地区是我国农业经济在国民经济中比重较大，耕地后备资源最为丰富的区域，同时也是生态环境最脆弱、需要生态退耕最多的区域。

（4）我国建设用地拥有量最多的是在农村和集镇的农村居民点用地，它是我国建设用地集约利用潜力最大的地区，也是我国投资吸引力较低，土地资产难以变现的地区；区域中心城市外商投资踊跃，土地利用集约化程度高，土地利用效益好，却是我国建设用地规模控制严格，规划建设用地指标不足和建设用地供给紧张的地区。

第二节 耕地保护成本收益核算的非对称

在现实中，农民、集体和政府作为"理性经济人"在权衡耕地保护利益冲突和核算耕地保护的收益时，存在着非对称处置的现象，这严重影响了我国耕地保护政策的运行效果，使得耕地保护的收益被严重低估和边缘化，诱发了耕地保护的利益冲突。耕地非农化是经济利益驱动下的被动转变，并非区域整体福利水平最优的选择。

一、耕地保护的会计成本核算步骤

会计成本核算是市场经济条件下企业核算的一般原则，其含义是，市场价格包括会计成本和利润（胡靖，1998）[①]。如果耕地资源开发利用所产生的市场价值用耕地的经济产值来表征，则耕地保护的会计成本核算步骤可表述如下：

（1）耕地经济总产值 W 的确定：W = 总产量(Q) × 均衡价格(P)。

（2）耕地资源利用所涉及的会计成本 C 的确定：C = 物质资料成本(K) + 土地成本(L) + 劳动力用工成本(H)，根据国家发改委核算农产品成本收益方法，土地成本包括流转地租金和自营地折租，劳动力用工成本(H) = 实际用工数(D) × 工价(U)。

（3）利用耕地资源所得净收入（M）的确定：$M = W - C$。若耕地 M/C 大于其他类型土地的 M/C，则耕地保护有利可图；若耕地 M/C 小于其他产业的 M/C，则缺乏保护耕地的动力，就会出现弃耕或削减耕地投资现象。根据以上表述，按会计成本核算的耕地保护净收入的核算公式为：

$$M = Q \times P - [K + L + (D \times U)] \tag{4.1}$$

由于耕地资源主要用于种植农作物，在市场经济条件下，这种土地利用方式有其明显的缺陷，主要体现为：土地作为耕地利用为种植业劳动者提供了更少的劳动机会以及丧失了更好的发展机会。提供更少的劳动机会是受种植业本身的产业特性所影响，这种产业

[①] 胡靖. 粮食非对称核算与机会成本补偿[J]. 中国农村观察，1998（5）：36 - 41.

特性带来了耕地利用过程中的劳动机会损失；丧失更好的发展机会，意味着耕地资源面对多种用途选择时所放弃的其他能带来更大收益的机会成本损失。但在评价耕地保护的成本收益的实践中，主要依据的还是耕地保护的会计成本，而会计成本中并不包括耕地开发利用中所带来的劳动机会成本损失和耕地非耕化的机会成本损失，从而使得耕地保护的收益评价值过低。

二、耕地保护会计成本与耕地保护机会成本核算的非对称

根据机会成本的一般性理解，在经济学上，机会成本又称择一成本或替代性成本，就是人们为了得到某种东西而所放弃的东西的最大价值。耕地保护的机会成本是把土地作为耕地使用，而放弃其他用途所能获得的最大收益。如果用价值进行效益核算，耕地保护的价值包含耕地的经济产出价值、生态服务功能价值和社会保障效益的总和。耕地保护在市场经济条件下，生产者只获得了耕地的农用经济价值，耕地的生态服务价值和社会保障效益并没有在市场交易中得到实现，这就成了耕地保护的机会成本损失。

耕地保护的机会成本计算，维持现有收益的耕地用途时所放弃的"参照价值"，占用耕地而获得经济效益与现有收益差额反映了耕地保护的机会损失，其核算方法为：

$$O = R - E \tag{4.2}$$

其中，O 为耕地保护的机会成本，R 为耕地资源参照收益，E 为耕地资源现实收益。

为维护耕地保护的公平性，其机会损失应该得到补偿，则耕地保护的净收入核算公式为：

$$M = \{Q \times P - [K + L + (D \times U)]\} + (R - E) \tag{4.3}$$

三、耕地保护会计成本与耕地劳动机会成本核算的非对称

耕地的劳动机会成本是指耕地用于种植农作物，而种植业者的劳动时间远远低于农作物的生长时间所带来的劳动机会的损失。农产品是有生命的动物或植物，在其"自然再生产过程"中，劳动的投入时间是很有限的，主要农作物如小麦、水稻、玉米、棉花、油菜等提供的劳动时间不会超过生产周期的 1/3（胡靖，1998）①。种植业者的劳动时间与农作物生长时间的不一致，使得耕地资源利用过程中不能为耕作者提供更多的劳动机会或劳动时间，耕作者具有了更多的闲暇时间（胡靖，2005）②。在农作物长达数月的生长周期中，农户的劳动机会、劳动时间是很有限的，不能形成财富，但在大量的农闲时间里，农户仍然要吃饭，需要维持基本的生存费用。当然，在种植业劳动者的闲暇时间里，存在兼业的可能机会，但这种兼业也是低效的且机会也有限。低效性来源于种植业劳动者和生产资料必须在各兼业项目之间发生位移，兼业越多则无效劳动越多，无效劳动则不创造任何价值（胡靖，1995）③。因此，在市场经济下并不对无效劳动进行核算。同时，就目前发展水平下，兼业也并不能让农业劳动者过上很体面平等的生活，还成为农户技术进步难以逾越的障碍。

为了维护农业劳动力的再生产，就必须考虑种植业劳动者每天的基本生存费用，对种植业劳动者的劳动机会成本损失进行补偿。这种补偿也是对耕地保护利益的一种补偿，则其收入补偿核算公式为：劳动力补偿收入（I）=（农作物生长天数－实际用工数）(A)×

---

① 胡靖. 粮食非对称核算与机会成本补偿 [J]. 中国农村观察，1998（5）：36－41.
② 胡靖. 非对称核算理论与农户属性 [J]. 开放时代，2005（6）：94.
③ 胡靖. 农业的交换地位与政策空间 [J]. 农业经济问题，1995（2）：43.

闲暇期间平均每天所遭受的损失（F）。基于耕地保护所带来的劳动机会损失来核算耕地保护的成本收益，$A \times F$ 所得则成为耕地保护的一种补偿收入。根据以上分析，按劳动机会成本核算的耕地保护净收入计算公式为：

$$M = \{Q \times P - [K + L + (D \times U)]\} + A \times F \quad (4.4)$$

其中，A 为农作物生长天数与实际用工数的差额；F 为闲暇期间平均每天所遭受的损失。

由于耕地资源在成本核算时并没有考虑到耕地资源的机会成本损失和劳动时间损失，使得耕地保护收益没有在经济上得到更好的显现。根据《中国劳动统计年鉴2013》的统计，2003~2012年全国行业平均劳动报酬27992元，而农业平均劳动报酬为12849元，全国行业平均劳动报酬是农业平均劳动报酬的2.18倍。全国各地区的农业平均劳动报酬都远远低于全国行业平均劳动报酬（见表4-3）。从耕地保护成本核算的非对称性来看，协调耕地保护利益的冲突关键是要提高耕地保护的净收入比例，即至少应该达到社会平均收益水平。

表4-3　　2003~2012年全国行业平均劳动报酬与农业平均劳动报酬的比较

年份	全国行业平均劳动报酬（元）	农业平均劳动报酬（元）	两者相差倍数
2003	13969	6884	2.03
2004	15920	7497	2.12
2005	18200	8207	2.22
2006	20856	9269	2.25
2007	24721	10847	2.28
2008	28898	12560	2.30
2009	32244	14356	2.25
2010	36539	16717	2.19
2011	41799	19469	2.15
2012	46769	22687	2.06

四、耕地保护的私人成本与社会成本核算的非对称

在耕地保护成本收益的核算中,主要依据的是私人成本,并没有按耕地保护的社会成本进行核算。耕地资源利用存在较强的外部不经济性。耕地保护的外部不经济在完全市场条件下未由责任者(土地使用者)来承担,会造成耕地保护利益的失衡。因为耕地保护的边际私人成本(或边际私人收益)与边际社会成本(或边际社会收益)相偏离,而某一区域的耕地保护收益却被其他社会成员所分享。用公式表示为:$TSB = PB + EB$,其中,TSB 为社会总收益,PB 为私人收益,EB 为社会外部正效应,体现在耕地保护具有的社会效益(社会安定和粮食安全)、生态效益、代际公平、耕地景观对净化空气、保护植被、防止水土流失等的积极作用上,而这些外溢正效应被置于公共领域范畴,具有公共物品的属性。

耕地保护给每个人带来了效益,但并不是每个人为此支付费用,承担责任。我们可以用图4-5来简单描述耕地保护行为的外部正效应。

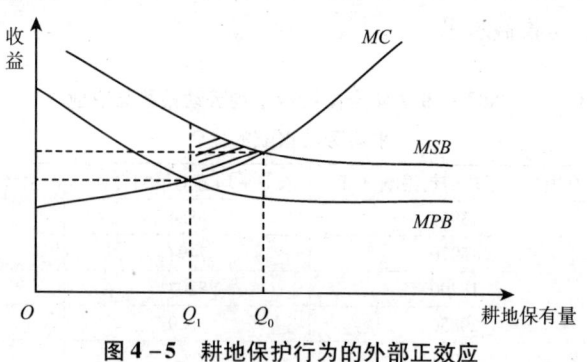

图4-5 耕地保护行为的外部正效应

当存在外部正效应时,社会边际收益 MSB 大于私人边际收益 MPB。单个主体进行耕地保护投资时,其行为由 MPB 和边际成本 MC 决定,这时耕地保有量 Q_1 小于由 MSB 和 MC 决定的有效的耕地保有量 Q_0。当要求耕地保有量达到 Q_0 时,必须降低保护耕地的

成本。因此，如果外部经济正效应得不到补偿，物品（或服务）的生产将会呈现不足的状态，表现在耕地保护上就是耕地保护会存在供给不足。由 Q_1 增加到 Q_0 时，社会将会因此而获得相当于图中阴影部分面积大小的净收益。但如果不计算和评价耕地被占用的社会成本，耕地保护就意味着利益受损，收益被低估，耕地保护的利益冲突就不可避免。

从短期看，耕地保护政策在一定程度上会阻碍非农业部门的发展，导致经济产出效率的损失。从单位面积耕地经济产出能力来看，多保护耕地意味经济产出效益的减少。采用单位建设用地面积的第二、第三产业产值与单位耕地面积的种植业产值的比值来表征土地利用的经济产出效益差异。如图 4 – 6 所示，1996~2005 年差异最高为上海，两者平均相差 69.7 倍，最低海南也相差 7.6 倍，全国相差 26.2 倍。同时，根据周雁辉，周雁武和李莲秀（2006）的研究，单位面积土地用于林果生产、养殖业、工业、餐饮业的收益分别是粮食生产收益的 5.4~10.8 倍、5.4~207.7 倍、7.4~100.0 倍和 204.6 倍。① 耕地保护所带来的经济产出效率的损失，也构成了耕地保护区域社会成本的一部分。

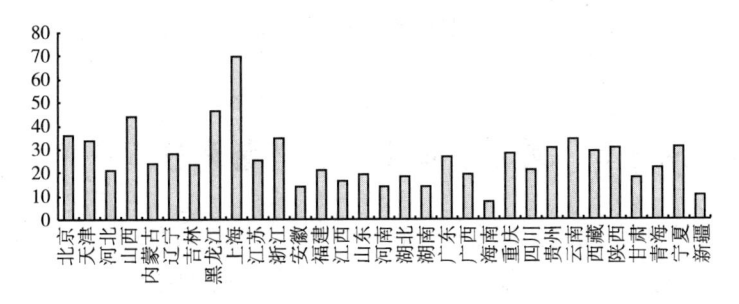

图 4 – 6　1996~2005 年我国土地利用的区域产出效率差异

---

① 周雁辉，周雁武，李莲秀. 我国耕地面积锐减的原因和对策 [J]. 社会科学家，2006（3）：132 – 137.

失地农民过多会影响到社会的和谐稳定。经济的大萧条会引发大量企业的破产,大量农村打工者将不得不回家。如果没有了土地作为退路,将给社会稳定运行增加成本。由于耕地的减少给经济和社会的正常运行带来的风险,增加的社会管理成本,理应算作耕地保护社会成本的一部分。

从土地的自然属性来看,现有农业耕地自然肥力的形成,大多是长期农业耕作活动的结晶,而一旦被用作工业用地或居住用地,其自然肥力难以在短期恢复甚至会永久丧失(刘学军,2008)①。农业结构调整占用耕地,由于轮作和耕作制度的变更,土壤肥力也会被侵蚀。耕地用途变更所造成的耕地自然生产力的降低而带来的损失也构成了耕地保护社会成本的一部分。

五、耕地市场价值与非市场价值核算的非对称

耕地的公共物品属性使其部分价值游离于市场机制的作用之外,传统的估价方法并不能有效涵盖这部分价值。耕地资源价值的评估只反映了耕地的经济产出价值,其社会功能价值和生态服务价值没能以合理形式显化,忽视了这两种价值的计算,严重地低估了耕地保护的收益,会给耕地资源的管理决策中带来失误和资源的错误配置。

第三节 现行我国土地管理制度的不完善

耕地保护管理制度在冲突管理中具有举足轻重的作用,但在具体的实际操作中,制度往往发挥了"双刃剑"的作用。一些制度措施能够为解决耕地保护利益冲突提供重要手段,而另一些政策又可能成为冲突的根源,尽管这些政策的目的是解决冲突。我国现行

---

① 刘学军. 效率与风险:耕地撂荒与耕地保护的政治经济学[J]. 学术论坛, 2008(8): 105-109.

的一些耕地保护制度也不例外，其管理制度的不完善导致了耕地保护利益冲突的产生，其中主要包括：

一、耕地保护责任以省核算，统筹省际土地利用存在限制

我国城镇建设用地的利用市场化程度很高，经营性用地和工业用地按照规定都采取招标、拍卖、挂牌出让，任何合法企业和个人都可以按照法定程序，参与土地市场竞争，通过土地出让有偿获得国有土地使用权。可以说，异地投资办企业和异地进行房地产开发，都是各地政府招商引资所期盼的，在土地供给方面不存在地域的限制。我国土地利用管理，存在地域限制的主要是农用地管理。我国土地征用审批、土地规划审批的机关，除国务院外，就只有省、自治区、直辖市人民政府。省、自治区、直辖市人民政府编制的土地利用总体规划，应当确保本行政区域内耕地总量不减少。省、自治区、直辖市人民政府应当严格执行土地利用总体规划和土地利用年度计划，采取措施，确保本行政区域内耕地总量不减少。各省、自治区、直辖市划定的基本农田应当占本行政区域内耕地的80%以上。《土地管理法》规定：个别省、直辖市确因土地后备资源匮乏，新增建设用地后，新开垦耕地的数量不足以补偿所占用耕地的数量的，必须报经国务院批准减免本行政区域内开垦耕地的数量，进行易地开垦。

我国耕地保护要求省、自治区、直辖市人民政府负责任，保证我国耕地面积不减少应该说是非常正确的，但是，要求省、自治区、直辖市人民政府确保本行政区域内耕地总量不减少，却可能不完全合理。我国土地管理，特别耕地保护任务的落实，以省为单位核算，统筹省际土地利用存在限制。

1. 我国地域辽阔，由于自然、历史和经济原因，土地利用水平各地差别很大，各地资源分布不均衡，土地开发利用的方向应该有区别。对于土地后备资源丰富的省份，确保本行政区域内耕地总

量不减少非常容易；而对于土地利用率高，土地后备资源少的省份则变成了一种不易完成的任务。我国耕地保护过程中，大多数人看到了我国沿海经济发达省区，农业历史悠久，光、热、水、土配合协调，农业自然生产力高；我国西部地区，干旱、多风沙，生态环境脆弱，农业自然生产力低的客观现实。却没有看到东部地区和西部地区单位建设用地单位面积产出水平的巨大差距，东部地区和西部地区在招商引资过程中投资者在位置选择上的意愿差距。

大多数人看到了西部地区也存在人口过多的生态压力，没有看到发展农业更加有利于西部地区环境保护的生态选择合理性。如果看到了生态移民和东部宜居环境的潜力，可能就更加认同我国沿海经济发达省区城市发展的必要性和可行性。促进区域协调发展，如果只看到了我国不同地区经济发展水平和人民生活质量的巨大差距，看到了发达国家促进落后地区开发的大量举措，但是，忽视区域经济协调发展的本质内涵，没有看到发达国家区域发展过程中不同阶段的区域政策转变，没有看到经济结构高度化升级和经济重心地域迁移的规律。不是以人为本，追求人的发展机会和收入在不同区域上实现均衡，而是追求单位土地面积的人口容量和经济产出相对一致，画地为牢。那么，促进区域协调发展，实现区域合理分工和协作，因地制宜，发挥区域优势，就无从谈起，也缺乏活力。

2. 我国城市化发展的质量较差，主要表现为我国城市空间上的集聚程度不够。从各国城市化的模式看，当城市化进入一定阶段后，城市群已逐渐成为城市化进程中的主体形态。日本是亚洲地区城市群发展程度最高的国家，已形成典型的城市群。日本的东京都市圈、名古屋都市圈和阪神都市圈，其面积仅占全国的10%，但集中了近60%的人口和55%的工业生产，产生了巨大的聚集效益和规模效益（贾绍凤和张军岩，2003）[1]。英国的英格兰城市群集

---

[1] 贾绍凤，张军岩. 日本城市化中的耕地变动与经验［J］. 中国人口·资源与环境, 2003, 13 (1)：31-34.

聚了英国约70%的人口，80%左右的经济总量，是英国产业密集带和经济核心区（张兵和古继宝，2006）[①]。目前中国已经形成了长三角、珠三角、京津冀三大城市群，是支撑中国经济高速增长的核心极，但是，其聚集的人口仍然只有全国的13%~14%，GDP也只占全国的40%左右。我国耕地保护如果不区分各地城市发展情况，统一要求确保本行政区域内耕地总量不减少，必然使得有些城市化水平高的区域缺乏建设用地指标，不能充分发挥其人口和经济集聚潜力。

3. 我国一些落后地区进行土地非农开发不是发挥区域优势和合理利用土地，而是在现行政策环境条件下追求自身发展，争取经济上的公平。对我国农村地区发展乡镇企业的过程进行反思，各地乡镇企业的建立，有很多是不符合生产力布局规律的，分散的、产业链短、规模小的乡镇企业，基础设施配套条件差，占用土地多，环境污染治理困难，但是，它打破了"城市工业"的垄断，使农民可以在工农产品价格不合理的情况下，能够赢得比农业生产高得多的劳动报酬，实实在在地提高了农民收入。目前，我国工业是国家财富的主要来源，是增加财政收入的主要渠道。增值税的税基大体相当于工业增加值和商业增加值。2012年全国税收总收入完成100600.88亿元，其中国内增值税实现收入26415.69亿元，占全年税收总收入的26.25%。据海南省定安县测算，该县每万元工业增加值对税收贡献1363元，相当于批发和零售业对税收贡献的123.3%；交通运输业对税收贡献的614%；建筑业对税收贡献的113.4%。一些落后地区不顾条件，也模仿经济发达地区，大张旗鼓地建设开发区，主要是希望通过增加工业用地供给，更多招商引资，培育和壮大税基。我国一些落后地区，过去财政收入中农业税占有很大比例，全国取消农业税，更加使得这些地区进行土地非农

[①] 张兵，古继宝. 中外城市群发展经验及其对山东半岛城市群的启示 [J]. 城市发展研究，2006（3）：39-41.

开发，通过发展工业开辟新的税源的要求迫切。

4. 我国沿海地区土地非农开发，建设用地扩展迅速，并不意味着其农产品的供给保证能力下降。浙江省土地资源稀缺，迫使浙江省农民走出去，向更广阔的空间要资源、要市场、要效益的成功经验表明，在市场经济条件下，容许经济发达地区合理扩大其建设用地，也使得在发达地区对于维护区域粮食安全和保障农副产品供给更加具有紧迫性。浙江省市场经济起步早，经营机制灵活，民营经济发达，民间资金充裕、农民有发展多种经营技术和经验，土地非农开发促进其农业外拓发展，不仅可以充分发挥浙江的资金、技术、人才、信息、市场的优势，提高投入回报率，获取更大的经济效益，又可以激活外地资产和资源的沉寂，促进当地的经济发展，增加当地农民收入，达到"双赢"目的。沿海发达省份"确保本行政区域内耕地总量不减少"可能存在困难和不符合市场经济规律，但是，民以食为天，即使不存在"确保本行政区域内耕地总量不减少"的严格保护政策，沿海发达省份对于保障区域农副产品供给也绝对不敢有丝毫懈怠。经济落后地区，土地资源多，劳动成本低，农业发展具有比较优势，沿海发达省份和经济落后地区协同合作"确保耕地总量不减少"却大有可为。

二、耕地保护存在认识偏差，建设用地扩展控制乏力

一般认为，耕地保护不力是因为耕地利用比较效益差。从单位面积耕地经济产出能力分析，它的确远低于城镇建设用地和独立工矿用地，甚至低于畜禽养殖地和养殖水面。土地非农业开发经济效益好，的确为工业化和城市化提供了动力，使得农业劳动力转移具有可行性，土地市场发育直接推动着建设用地规模的扩大。但是，我国各地建设用地扩展控制乏力，寻思其原因，和我国现行的土地政策有很大的关系。

（一）耕地保护的认识存在偏差

我国耕地保护的重要性，政府和有关部门主要是从我国人多地少，必须保证"吃饭"需要，从粮食安全的角度来阐释的。虽然，这看到了在目前经济技术条件下，耕地仍然是农业生产最基本的生产资料，利用耕地生产粮食和其他农产品，仍然是最合理的和最经济的选择。但是，随着农业科学技术的进步，人类生产粮食的数量完全能够满足人类的生活需要，目前世界上存在的饥饿问题，是世界政治和经济秩序不合理造成的。中国人能够依靠自己的土地养活自己，中国适度进口粮食也具有可行性。从微观经济分析，一个人获得某种物品，不是因为这种物品是否是它生产的，而是决定于它在市场上对于该物品的购买能力。如果单纯强调粮食安全，在市场经济条件下，可能提高对于购买粮食的支付能力比增加粮食生产更加符合实际。从国际政治情况分析，以粮食安全的角度强调耕地保护的必要性，其实是基于战争和区域贸易保护的极端情况考虑的。目前，和平和发展已经成为世界的主流，经济全球化也使得贸易保护的空间越来越小。所以，从粮食供给的角度来强调耕地保护，告诉人们不保护耕地会造成饥荒和社会不稳定，说服力不是很强。也无法解释像美国、加拿大、澳大利亚等人多地少，世界上主要的农产品出口国为什么要重视耕地保护。实际上，保护耕地的必要性，不是单纯为了解决"吃饭"问题，严格保护耕地是因为耕地稀缺和可替代性小，极其宝贵。根据资源环境经济学原理，保护耕地就是应该把最稀缺的资源用到社会经济最需要的地方。世界农业发展表明，农业多功能性也决定了耕地保护的多功能性，耕地保护和环境保护、自然保护区建立、历史文化遗产保护、历史文化名城保护一样重要，其保护价值是多方面的，绝对不只限于"吃饭"那么简单。

（二）土地非农开发是经济发展的重要象征，我国目前许多土地政策不是控制建设用地的扩展

1. 我国县改市其重要的标准是经济的非农化程度，县改市对于地方政府而言，是经济发达的表现，同级城市比地市、县更加风光，地方政府权利更大。所以，我国各地政府在制定城市规划时，都追求扩大城镇规模，"不怕做不到，就怕想不到"。特别是在经济落后地区，经济发展面貌改变困难，制定宏伟的城镇建设规划投入少，容易产生宣传效果，超现实的规划更有可能为地方政府所赏识。我国城市规划中，省级中心城市提出建设"国际性大都市"，省内中心城市提出建设"全国性大都市"，县城提出建设"现代化中等城市"，等等，其表面上是扩大城市人口规模，真正的利益在于扩大建设用地范围。随着规划的导向，政府很多政策都向此方面倾斜，对于土地非农开发提供优惠条件，鼓励建设用地扩张。

2. 我国农地转用过程中，地方政府税费收入多。按照我国现行的土地政策，以浙江省一个位列全国九等工业用地的某市为例，目前其征地补偿费最低为 40.5 元/平方米，加上需要依法上缴的新增建设用地使用费 36 元/平方米，耕地开垦费 14 元/平方米，耕地占用税 9 元/平方米，耕地折抵指标费 67.5 元/平方米，农村养老保险基金 30 元/平方米，土地开发基金 7.05 元/平方米，最低的土地级差收益 40.5 元/平方米，不计各种管理费和基础设施配套费，其工业用的成本地价就已经达到了 244.55 元/平方米。征地补偿费所占比例不到 15%，而政府各种税费占土地成本的 85% 以上。如果说政府所收的上述税费很多是有明确的用途，能够取自于民，用之于民。其中的"最低的土地级差收益"相当于土地所有者权益，它是将集体土地转变为国有土地，然后凭借国有土地所有权取得的土地收益，而且超过了征地补偿费，显然，地方政府在农地转用过程中图利很多。在《国务院关于加强土地调控有关问题的通知》没有出台以前，国有土地使用权出让总价款没有做到全额纳入地方

预算的情况下，国有土地使用权出让收益成为地方政府最容易支配的资金来源，扩大征地对于地方政府具有很强的经济诱惑。

3. 我国目前土地法定出让年限商业用地 40 年，住宅用地 70 年，工业用地和其他用地 50 年，由于缺乏严格的土地资产核算制度，在目前我国每届政府干部任期只有 4～5 年的情况下，土地出让当届政府获得的土地收益可以寅吃卯粮，往往容易造成当届政府倾向于多出让土地，低价出让土地成了建设用地过度扩张的经济动力。我国城市建设对于耕地占用，很多情况下并不是非占用耕地不可。目前城市建设占用耕地很大程度主要是由于现状耕地转变为建设用地，其地势平坦，通达性好，基础设施配套易行，可以降低区域投资门槛。特别是在以经济增长为目标，招商引资和外向型经济发展对于提高地区生产总值，促进农业剩余劳动力转移和就业，提高地区经济发展绩效起到显著作用时，建设用地占用耕地的经济合理性就远压倒了对土地合理利用的要求。我国建设用地出让价格低，未来土地供应越来越紧张的趋势明显，它也促使许多企业大规模圈地，大量囤积土地。

4. 我国建设用地扩展迅速，反映了工业化和城市化发展的必然结果，也和我国现行的土地政策不合理和农民的社会经济地位不平等有关。由于我国物价体系没有完全理顺，工农产品价格的"剪刀差"仍然存在，农民种田目前获得的经济收益比较低。我国农民人均拥有耕地面积小，如果单纯依靠种田，很难实现农民收入的巨幅增加。从经济上分析，保护耕地对于农民没有吸引力。我国一些地方，农民反对征地，主要是农民的土地财产权益意识增强。我国工业化和城市化过去主要靠农业积累和农民的无私奉献来推动，牺牲了广大农村的利益，在一定程度上起到了拔苗助长、突击造城的效果。我国建设用地增加对于地方政府的利益巨大和农业生产经济效益比较低，是我国建设用地扩展控制乏力的主要原因。

三、土地利用规划行政主导，公众参与和监督较难

土地利用规划是在土地调查和评价基础上，对于土地利用方案的优化选择。我国土地利用规划在改革开放以来取得了巨大的进步，已经明确了中国土地利用规划研究的内容和任务，建立起了从国家、省、地（市）、县到乡镇的五级规划体系，确定了土地利用规划编制、审批、实施和管理的程序。特别是1998年全国人大修订通过的《土地管理法》，提高了土地利用总体规划的法律地位，建立了土地用途管制制度，通过对农用地转用、耕地占补平衡的严格审批，使之第一次成为具有"不符合土地利用总体规划，不得批准使用和供应土地"功能的规划。上一轮《全国土地利用总体规划（1997~2010年）》，以耕地保护为中心，通过土地用途分区制定土地用途管制规则，制止违背规划规定用途的用地情况发生，有效地促进了我国的土地合理利用和科学管理。但是，对上一轮《全国土地利用总体规划（1997~2010年）》进行反思，仍然不难发现，我国土地利用规划具有明显的计划经济烙印。

1. 我国土地利用总体规划编制自上而下开展，强调土地利用总体规划是国民经济和社会发展规划体系的重要组成部分，是对土地资源的保护、利用、开发、整治在时间上和空间上所做的总体的、战略的安排，对于土地利用总体规划作为资源配置的工具有比较深刻的认识，有利于国家对土地利用的宏观调控和集中统一管理。但是，由于土地是区域性资源，土地信息自下而上具有递减性，如果不认真研究各地的土地资源特点和土地利用现实需要，对于土地利用总体规划在市场经济条件下也是利益分配的手段的认识不足，上级规划主要是对下级规划的指标控制，而下级规划重在对上级规划的指标落实。上级土地利用规划所确定的用地标准容易出现一刀切，主要用地控制指标的分配也容易搞平均主义。上一级土地利用规划确定的土地利用方向主要是反映本级政府部门对于所辖行政区土地利用的构想，由于忽视地方利益和国家利益的客观上存

在的差距,各地政府会"上有政策,下有对策",而往往在规划执行中大打折扣。土地利用总体规划的实施和管理,从总体上讲,主要是以行政手段为主,很难真正成为广大人民群众的自觉行动。

2. 我国上一轮土地利用总体规划(1997~2010年),明确规定了各种土地用途区和土地用途管制的规则,是土地利用规划编制上的重大突破。它保证了规划期内的一切土地利用活动,必须严格按照土地利用总体规划制定的用途进行。实行土地转用许可制度,农用地转为建设用地必须符合土地利用总体规划,不符合土地利用总体规划的不予许可。违背土地利用总体规划的土地利用行为,将由有关部门按照《土地管理法》、《基本农田保护条例》等法律法规追究行为人的行政、经济乃至法律责任。但是,土地利用规划调整主要按照行政区划调整和项目建设需要确定,没有具体的土地利用变化标准。土地利用规划调整往往以招商引资为导向,许多情况下是投资者要求把投资项目布局到什么地方,规划的用途也按照其需要调整为其相一致的用途,至于其合理性没有认真进行评价。在我国干部任期目标强调国内生产总值快速增长的情况下,至于一些地方主要官员,为了"政绩工程"而提出的规划调整,一般也是在上级用地控制指标许可的情况下予以满足。例如,在笔者参与的我国沿海某经济发达地省份的一个全国百强县的县级土地利用规划中,2009~2010年大的调整就进行了7~10次。如果计算各个乡镇的规划指标和用地布局的局部调整,最多的达到了15次以上。由于土地利用规划的频繁调整,同一地块用途可以改变,即使土地用途管制规则大多数情况下基本遵守,但是,它对于土地不合理利用的制约作用也可能形同虚设。

3. 我国土地利用总体规划的审批权、建设用地的审批权和土地征用的审批权主要集中于国务院和省级人民政府。然而,土地利用在很多情况下,是一种地域性很强的经济行为。由于用地审批需要到首都、赴省会,报批成本高,耗时久,许多建设项目的用地需要提前预报,按照计划审批。在市场经济条件下,由于投资主体不是政府，而是本地企业或外来投资者，其对项目建设的选址有很大的投机性，使得建设用地的供应也有较大的不确定性。在招商引资过程中，往往是地方政府一见投资者有好的项目和投资意向，就忙着办理建设用地审批手续，以期引资成功，及时供地；投资者则常常是多方选址，一旦发现其他地方有更加有利的优惠政策或合作条件，便趋利而去，使得已经审批许可使用的建设用地得不到使用的情况并不鲜见。同时，由于用地审批报批成本高，耗时久，使得许多地方违法、违规用地的现象增加。目前我国土地利用动态监测水平不高，加上政府办事效率有限，对违法、违规用地也无法做到事前制止或及时制止。一些违反规划的用地行为一旦成为既成事实，真正要纠正会造成很大的经济损失和社会资源浪费，地方政府不得不一罚了事，客观上也助长了违反规划的行为。

4. 我国土地利用总体规划以耕地保护为中心，主要控制指标是保证耕地保有量和基本农田保护任务的落实，要实现耕地占补平衡。由于土地调查制度不完善，基层政府为了减轻上级政府对于耕地保护的压力，故意瞒报耕地数量，夸大建设用地现状面积，或者把林地、牧草地部分列入未利用地的情况也不少见。上级地方政府对于土地资源和土地利用现状准确数据的掌握非常困难，至于土地利用结构调整对于耕地增加或者减少的潜力更是模糊不清，这使得即使土地利用规划规定的耕地保护目标能够得到实现，也很难认定其土地利用结构和布局是科学和合理的。

如果说我国区域经济发展过程中，结构趋同，市场竞争激烈，容易引起"诸侯经济"和地方保护，那么，土地利用规划各地没有特色，土地利用结构在用地指标"平均分配"、"公平分配"过程中走向一致，可能也是重要的影响因素。土地利用规划在实施和管理过程中没有完全得到落实，更加削弱了其对土地合理利用的指导作用。

5. 目前各地城市建设大量占用耕地，主要是为满足城市扩张需要而新增城市建设用地。有的地方土地利用规划不是致力于保护耕地、节约集约利用土地、促进经济社会环境的协调发展，而主要是为了如何增加建设用地指标来源，能够在"合法的外衣"下更加方便地征用农用土地，其实质上是以政府的名义进行土地投机。对于农用土地转变为城市建设用地而产生巨额的土地资产增值，大部分被房地产开发商、投资的土地使用者和政府所享用，也没有将其全部用于城市基础设施建设、失地农民的再就业和新增加城市人口的社会保障事业。我国目前许多地方土地征用侵害农民的合法土地财产权益，不只是农业经济报酬低、比较效益差，更多的是由于农民是弱势群体，对政府土地利用决策缺乏有效的参与和监督。

第四节 本章小结

耕地保护利益冲突机理分析的目的在于让耕地保护的利益相关者理性的了解冲突产生的原因及其发生过程，为创造和建立耕地保护相关者之间的合作与耕地保护区和建设用地扩展区之间互动与协作提供条件。本章从耕地保护外部环境的非均衡性、耕地保护成本收益核算的非对称和现行土地管理制度的不完善这三个方面探讨了耕地保护利益冲突产生的机理。从耕地保护的外部环境来看，耕地保护外部环境的区域非均衡性是耕地保护冲突产生的外在因素；从内在原因来看，耕地保护成本收益的非对称核算是耕地保护冲突产生的内生因素；从政策层面上来看，现行土地管理制度的不完善是造成耕地保护冲突的重要制度原因。正是由于这三大因素催生了耕地保护利益冲突的产生。

第五章　基于 DMAIC 流程的耕地保护利益冲突管理

——"改进"阶段

改进阶段是整个 DMAIC 流程的核心，是整个六西格玛管理的主动化阶段，前面定义、测量、分析阶段都是这一阶段的基础和依据。这一阶段需要冲突管理者发挥主观能动性，不断地去探索找到最佳的解决方案并全面贯彻落实，实现管理绩效的改善和提高。

DMAIC 流程的耕地保护利益冲突管理中的改进阶段，其主要任务是基于耕地保护利益冲突定义和分析以及在影响耕地保护绩效的关键影响因素的基础上，找到解决耕地保护利益冲突的方法和途径。

耕地保护利益冲突的改进应该依靠两大途径，即"CC 组合"，合作（Cooperation）和补偿（Compensation），具体说来：

首先，明确责任，区域合作。用经济区划思想取代耕地保护任务的行政分配，遵循耕地保护机会成本和耕地资源禀赋的区域差异，以耕地保护为契机，建立区域协作与联动机制，促进生产要素的合理流动，使耕地保护成为实现农业区域专门化，取得规模经济效益和集聚效益的手段。

其次，补偿收益，力保公平。让发展利益共享型耕地保护模式替代行政任务分配型的耕地保护运作模式。提高耕地保护的收益主要通过两种途径来解决：第一，耕地资源的社会价值和生态价值纳入会计核算和管理体系，以显化耕地资源的隐形价值，从而唤醒农村沉睡的资本。通过耕地资源多功能价值核算和耕地资产经营相结合的方式来提高耕地保护绩效;第二,耕地保护的区域(和农户)经济补偿标准测算以及补偿办法的实现与管理,以矫正区域(农户)耕地保护的外部不经济性(农户的福利损失)。

第一节 耕地资源价值的重构和凸显

一、重视耕地保护价值,控制耕地面积减少

(一)耕地保护是一个限制农地转用,进行基本农田建设的过程,对于土地合理利用具有积极的意义

保护耕地,完善水利及其他农田基础设施建设,建立稳定农业生产基地,可以避免耕地占用过程中的原有农业投资损失,减少农业向生态脆弱的或生物多样性丰富的土地的扩展。城市建设占用优质耕地,并通过开发土地质量相对较差和环境条件相对脆弱的林地、草地或湿地来补充,不仅不利于发挥土地的自然生产潜力,违背因地制宜的土地合理利用规律,也是经济上的巨大浪费。

耕地保护,防止土地以宗地为单位进行开发而造成农地碎化,不仅利于机械化作业和农业地域生产专门化发展,促进农业科技进步,提高农业生产效率。此外,保护耕地,还可以防止城市蔓延,限制城市建设和扩张的无序化,促进城市内部挖潜从而使得城市土地更加集约节约利用。

(二)耕地对于弱势群体具有生存和福利保障作用

耕地是农民生存的基础。当农民没有充足的财富积累、没有足够的非农就业机会和非农收入、没有健全的社会保障体系时,很大程度上必须依靠耕地上的收获物来供给基本生活资料,或者以耕地收入作为维持最低生活水平和抵御社会风险的主要手段。近年来,随着我国农民非农收入水平的提高,耕地对农民的社会保障效用有所降低。但是,农民和农民工作为弱势群体,更容易受到市场风险的打击,其收入和就业的预期更加不稳定。在这种情况下,耕地已

成为农民抵御风险的最后屏障,耕地的社会保障功能对他们来说仍十分重要。在发达国家,农业也具有为失业者提供就业机会,为城市低收入者提供生存战略的功能。例如,在伦敦,许多来自第三世界国家的难民,付不起昂贵的物价,把花园变成菜圃。随着金融危机影响的扩大,城市失业人口增加,日本政府最近推出农业进修项目,训练年轻人下乡农务。

(三) 耕地具有最高的生物经济生产力,生态功能巨大

以水田为例,水稻田既是宝贵的耕地资源又是我国南方地区分布面积最大的、最经济的人工湿地。作为一个环境良好的生态系统,水稻田还具有净化污水、抗旱抗涝以及调节气候、缓解城市"热岛效应"等功能。三菱综合研究所对日本全国水田的非市场价值研究,日本水稻田的非市场价值达12兆日元,是水稻田经济产出价值的4倍(宋敏,横川洋和胡柏,2000)[①]。目前,水稻田保护在许多国家已经提上议事日程,如日本、韩国立法明确规定不许废除水稻田。欧盟则认为自然环境经过千百年农业生产活动,形成了半自然的动植物栖息地,大量的动植物生存依赖于人类的农业生产,人类活动在这些地区的生态平衡中起到了重要作用。如果农民弃农离土,这些地区特别是生态脆弱地区的生态平衡将被打破,进而威胁到该地区动植物的生存乃至土壤、气候等环境要素的改变(乐波,2007)[②]。事实上,在一些发达国家,提供乡间休闲可能是实施各种公共资助的农田保护计划的一个主要动机。例如,1980~1990年美国的城市农业以每年17%的速度发展,城市农业对于城市开敞空间保留、水源地保护、城市垃圾处理、文化教育、观光事业发展做出了积极的贡献。

---

① 宋敏,横川洋,胡柏. 用假设市场评价法(CVM)评价农地的外部效益[J]. 中国土地科学,2000,14(3):20-22.

② 乐波. 欧盟的农业环境保护政策[J]. 湖北社会科学,2007(3):97-100.

(四) 保护耕地有利于传承文明

人类文明发展的过程是一个自农业文明经过工业文明走向生态文明的历史过程。农业文明历史最悠久，种植业的发展，使人类开始在地球上定居，耕地分布的区域成了历史上人类活动最为密集的区域，耕地在保存历史或史前纪录（化石、过去的气候证据、人类遗迹等）方面的作用非常重要。每一种农耕文化都以自己特有的耕地类型为最基本的特点和内核，并以此为自己的传统农耕文化的标志（任继周，2005）[1]。耕地就是传播本土文化的重要载体和农耕文明史的见证，具有传播农业知识、农耕文明和提高人们惜土意识等特殊的教育功能，特别是南方的很多水稻田、梯田，西北的绿洲，很多都有几百甚至上千年的耕作历史，简直是文化遗产。生机勃勃的绿色耕地也会带给人们一种发自内心的宁静和快乐，正像印第安人的一句格言："人如果远离了土地，心灵就会变得坚硬，进而不懂得尊重自然和有生命的东西"。我们华夏农耕文化博大精深、源远流长。保护耕地这一不可替代和不可引进的地区性文化资源，也是对世界文化遗产保护的贡献，是对城市居民特别是广大青少年在广袤的田野中接触传统农业和农业科技，体验本土农业文化和农耕文明权利的保护（赵华甫，张凤荣和许月卿等，2007）[2]。

耕地资源除了具有经济产出价值外，还拥有巨大的社会价值和生态价值。耕地的社会价值和生态价值不引起重视的话，会产生耕地的保护主体和受益主体利益不对称的问题。因此，除了通过区域之间的经济补偿来矫正耕地保护外部效应，重构和还原耕地资源价

---

[1] 任继周. 论华夏农耕文化发展过程及其重农思想的演替 [J]. 中国农史，2005，24（2）：53 - 58.

[2] 赵华甫，张凤荣，许月卿等. 北京城市居民需要导向下的耕地功能保护 [J]. 资源科学，2007，29（1）：56 - 62.

值就成为耕地保护利益冲突管理的重要内容之一。

二、耕地多功能价值的核算

(一) 耕地经济价值的核算

耕地的经济价值，按照收益还原率进行计算，其核算公式为：

$$单位耕地面积的经济价值 = 耕地的年净收益/收益还原率 \quad (5.1)$$

1. 耕地资源的年净收益的计算。

数据来源：耕地产品产量、价格、人工成本、物质成本和土地成本数据来主要来源于中国统计数据库。

为了更好地把计算过程阐述清楚，以黑龙江省为例说明耕地资源的年净收益的计算步骤。

第一步是选定主要农作物，选择依据是黑龙江省每一种农作物占总农作物播种面积的比重。在此，通过查找统计资料，最后共选择了粳稻、小麦、玉米、大豆、花生、高粱、烤烟和甜菜这8种农作物，它们占黑龙江省农作物播种总面积的比重为86.88%，已能基本上反映出耕地的整体种植和收益能力状况。其他省份也相应地根据本省每一种农作物占全省农作物播种总面积的比重来选取，选取的农作物总比重占全省农作物播种总面积比重均超过80%。

第二步计算每种作物的单位播种面积（每公顷）纯土地收益，计算公式是：

$$某作物每公顷耕地净收益 = 每公顷产值 - 每公顷生产成本 - 每公顷土地成本 \\ + 每公顷农业补贴收入 \quad (5.2)$$

其中，生产成本包括物质与服务费用、家庭用工折价和雇工费用。土地成本包括自营地投入生产的机会成本即自营地折租和流转地租金①。

第三步以每一种作物占选定的 8 种农作物播种面积的比重作为权重,并根据表 5-1 中"耕地纯收益"一栏中的数据,对每种作物纯土地收益加权平均,得出单位播种面积耕地纯收益。粳稻、小麦、玉米、大豆、花生、高粱、烤烟和甜菜分别占选定的 8 种农作物播种面积的 22.76%、2.27%、34.22%、38.72%、0.39%、0.47%、0.31% 和 0.86%。则黑龙江省单位播种面积耕地纯收益为:

3278.25 × 22.76% + 2094.75 × 2.27% + 2123.25 × 34.22% + 2283.90 × 38.72% + 9448.65 × 0.39% + 3641.85 × 0.47% + 6466.20 × 0.31% + 2937.90 × 0.86% = 2478.31(元/公顷)

同理,其他省份也参照上述方法进行核算而得出全国各地区的耕地年净收益。

表 5-1 　　黑龙江省单位耕地面积纯土地收益计算

农作物项目	产品产量（千克/公顷）	产值（元/公顷）	生产成本（元/公顷）	土地成本（元/公顷）	净利润（元/公顷）	每公顷补贴收入（元）	耕地纯收益（元/公顷）
粳稻	7438.5	11960.25	6177.6	3121.05	2661.6	616.65	3278.25
小麦	4375.5	6451.2	3380.55	1395.15	1675.5	419.25	2094.75
玉米	5370	6869.85	3570	1609.65	1690.2	433.05	2123.25
大豆	1488	6139.65	2793	1502.85	1843.8	440.1	2283.90
花生	3076.5	17976.6	7301.25	1375.2	9300.15	148.5	9448.65
高粱	5425.5	8026.05	3199.35	1596.15	3230.55	411.3	3641.85
烤烟	2340	18940.5	11789.1	2484	4667.4	1798.8	6466.20
甜菜	31377	9929.55	5372.1	2066.55	2490.9	447	2937.90

---

① 自营地折租指生产者自己拥有经营权的土地投入生产后所耗费的土地资源按一定方法和标准折算的成本,反映了自营地投入生产时的机会成本。流转地租金是指生产者转包他人拥有经营权的耕地或承包集体经济组织的机动地的使用权而实际支付的转包费、承包费等土地租赁费用。

2. 收益还原率的确定。由于耕地是永久为农民集体经济组织所有，其收益还原率可以看作是一个农业人口平均寿命的倒数。由于统计资料的有限，全国各省市农业人口平均寿命采用全国各地区的人口平均预期寿命来表征。

3. 用耕地单位面积纯土地收益除以收益还原率，即可得出耕地资源的经济价值，计算结果如表5-2所示。

表5-2　　　　全国各省市耕地资源的经济价值

地区	耕地净收益（元/公顷）	预期平均寿命（年）	耕地资源的经济价值（元/公顷）	收益还原率（%）
北京	3558.98	76.10	270838.45	1.31
天津	5258.18	74.91	393890.09	1.33
河北	4090.30	72.54	296710.12	1.38
山西	3610.87	71.65	258719.03	1.40
内蒙古	2423.73	69.87	169346.26	1.43
辽宁	3346.17	73.34	245408.35	1.36
吉林	1741.73	73.10	127320.73	1.37
黑龙江	2478.31	72.37	179355.05	1.38
上海	2270.83	78.14	177442.38	1.28
江苏	3447.52	73.91	254806.25	1.35
浙江	3544.66	74.70	264786.30	1.34
安徽	3714.28	71.85	266871.15	1.39
福建	4376.53	72.55	317517.51	1.38
江西	3543.24	68.95	244306.16	1.45
山东	4857.21	73.92	359045.29	1.35
河南	4023.28	71.54	287825.25	1.40
湖北	4206.09	71.08	298968.60	1.41
湖南	3314.52	70.66	234203.96	1.42

续表

地区	耕地净收益 (元/公顷)	预期平均寿命 (年)	耕地资源的经济 价值(元/公顷)	收益还原率 (%)
广东	3820.70	73.27	279942.87	1.36
广西	3534.08	71.29	251944.23	1.40
海南	3364.60	72.92	245346.50	1.37
重庆	1216.85	71.73	87284.36	1.39
四川	2580.36	71.20	183721.99	1.40
贵州	1767.89	65.96	116610.32	1.52
云南	1480.15	65.49	96934.85	1.53
西藏	2217.85	64.37	142763.01	1.55
陕西	1864.90	70.07	130673.39	1.43
甘肃	1212.68	67.47	81819.71	1.48
青海	2171.85	66.03	143407.07	1.51
宁夏	2794.47	70.17	196088.23	1.43
新疆	5478.61	67.41	369313.24	1.48

(二) 耕地社会价值的核算

由于耕地是农民集体经济组织永久所有，是农民长期依靠的基本生产资料。耕地的非农利用会让农民失去长期依靠的基本生产资料。对于适龄劳动人口意味着需要重新就业，对于超过劳动年龄的老人，则失去了收入来源。在目前，耕地对于广大农民来说，不仅具有就业保障价值，还具有重要的生存保障价值。同时，耕地资源是保障粮食安全的基础。粮食安全保障价值是因为耕地不用于种植粮食而带来粮食价格的上涨或用于种植粮食而对国家粮食安全所做的贡献。因此，本书研究认为耕地资源的社会价值主要由农民最低生活保障价值、就业保障价值和粮食安全保障价值构成。

对耕地资源社会价值的测算，主要围绕这三类分项价值而展开，总体测算思路为：首先，基于对耕地资源三类分项价值内涵的理解，遵循核算方法的统一性、选取指标的可操作和数据的可量化等原则，测算出每公顷耕地的最低生活保障价值、每公顷耕地的就业保障价值和每公顷耕地的粮食安全保障价值；其次，由分项价值汇总而求得耕地资源的社会总价值（即每公顷耕地最低生活保障价值 + 每公顷耕地就业保障价值 + 每公顷耕地粮食安全保障价值）；最后，对耕地资源社会总价值的测算结果进行分析。

1. 每公顷耕地的最低生活保障价值的核算过程。

（1）核算公式：

$$Vls = MLI \times (LE - PA) \times NCL \tag{5.3}$$

其中，Vls 表示耕地农民最低生活保障价值，MLI 表示农村最低生活保障年收入，LE 为人口平均寿命，PA 为退休年龄，NCL 表示单位面积耕地供养人数。

（2）指标说明。

第一，单位耕地面积供养人数 = 农作物种植业户籍人口数量/耕地面积。

第二，结合国家法定退休年龄的相关规定，本核算中退休年龄平均确定为 60 岁。

（3）数据来源。

第一，农村最低生活保障年收入用 2009 ~ 2011 年三年农村最低生活保障平均值。

第二，为了更准确地描述单位耕地面积供养人口指标，采用农作物种植业户籍人口数量来表征耕地供养人数，但农作物种植业户籍人口统计数据在大多的统计资料里并没有反映。考虑到数据的准确和易得性，本核算中采用全国第二次农业普查数据中的农作物种植业户籍人口数量来表征耕地供养人数。

具体核算结果如表 5 - 3 所示。

表 5-3　全国各省份耕地所承担的农民最低生活保障价值

地区	2009~2011年三年低保收入（元/年）	2011年平均预期寿命（岁）	农作物种植业户籍人口数量（人）	耕地面积（公顷）	单位面积耕地供养人数（人/公顷）	耕地农民最低生活保障价值（元/公顷）
北京	2807.40	80.18	1617488	231700	6.98	395495.08
天津	2377.93	78.89	2660986	441100	6.03	270979.26
河北	1058.19	74.97	46295212	6317300	7.33	116088.49
山西	1125.00	74.92	18705162	4455800	4.20	70462.21
内蒙古	1598.10	74.44	9619882	7147200	1.35	31060.20
辽宁	1310.78	76.38	15367158	4085300	3.76	80763.39
吉林	1143.97	76.18	10653913	5534600	1.92	35630.01
黑龙江	1208.96	75.98	12217982	11830100	1.03	19952.66
上海	2171.54	80.26	1670305	244000	6.85	301170.55
江苏	2058.58	76.63	38838363	4763800	8.15	279105.25
浙江	2350.67	77.73	16089857	1920900	8.38	349098.69
安徽	1129.23	75.08	42067957	5730200	7.34	125015.75
福建	1175.16	75.76	14727756	1330100	11.07	205070.88
江西	1013.86	74.33	22332560	2827100	7.90	114775.65
山东	1131.54	76.46	58838285	7515300	7.83	145818.74
河南	935.71	74.57	70149653	7926400	8.85	120656.17
湖北	1057.51	74.87	30561117	4664100	6.55	103037.68
湖南	889.39	74.7	39222963	3789400	10.35	135325.50
广东	1441.41	76.49	32978317	2830700	11.65	276913.29
广西	854.31	75.11	30576916	4217500	7.25	93587.42
海南	1535.94	76.3	3467554	727500	4.77	119330.83
重庆	1206.15	75.7	16986162	2235900	7.60	143861.50
四川	894.76	74.75	50487344	5947400	8.49	112034.87
贵州	1022.96	71.1	25568845	4485300	5.70	64729.43

续表

地区	2009~2011年三年低保收入（元/年）	2011年平均预期寿命（岁）	农作物种植业户籍人口数量（人）	耕地面积（公顷）	单位面积耕地供养人数（人/公顷）	耕地农民最低生活保障价值（元/公顷）
云南	946.94	69.54	30056657	6072100	4.95	44716.85
西藏	891.81	68.17	1613396	361600	4.46	32509.26
陕西	1266.06	74.68	23555073	4050300	5.82	108088.22
甘肃	936.74	72.23	18706589	4658800	4.02	46001.05
青海	1316.19	69.96	2493698	542700	4.59	60236.58
宁夏	910.95	73.38	3291261	1107100	2.97	36234.63
新疆	1064.59	72.35	7652117	4124600	1.86	24392.12

2. 每公顷耕地的就业保障价值的核算。

(1) 核算公式：

$$Ves = AIE \times AYE \times NLE \qquad (5.4)$$

其中，Ves 表示耕地的就业保障价值，AIE 表示每人受教育期间的年均教育投入，AYE 表示每人平均受教育年限，NLE 表示单位面积耕地就业人数。

(2) 指标说明。

第一，教育期间的年平均教育投入 = 各省份农民人均纯收入 × 教育支出占总收入的比重。

第二，单位面积耕地就业人数 = 农作物种植业常住从业人员数量/耕地面积。

(3) 数据来源。

第一，据刘灵芝和王雅鹏（2006）[①] 对我国东、中、西部农村

[①] 刘灵芝，王雅鹏. 我国农村家庭教育支出的地区比较研究 [J]. 商业时代，2006 (1)：48-52.

地区农民收入与教育支出负担率的研究结果,东、中、西部农村地区教育支出负担率平均为 11.11%,同时,根据韩睿娟(2011)[①]在其硕士论文的研究成果:农村家庭收入增加 1 元,家庭教育支出增加 0.131 元。考虑到物价上涨和农民人均收入的提高,本书经换算得出,年收入在 1700~3000 元的家庭,教育支出占家庭收入比重为 10.61%;年收入在 3000~4200 元的家庭,比重为 11.28%;年收入在 4200~6500 元的家庭,比重为 11.83%;年收入在 6500~15000 元的家庭,比重为 11.96%。

第二,每人平均受教育年限数据来源于《中国发展报告 2013》。

第三,农作物种植业常住从业人员数量采用全国第二次农业普查数据。

具体核算结果如表 5-4 所示。

表 5-4　　　　　全国各省份耕地就业保障价值

地区	2009~2011 年人均纯收入(元/年)	年人均教育支出(元/年)	平均受教育年限(年)	单位面积耕地就业人数(人/公顷)	耕地资源的就业保障价值(元/公顷)
北京	13222.20	1581.38	11.22	1.44	25549.96
天津	10361.23	1239.20	10.14	1.72	21612.70
河北	6075.80	718.77	8.55	3.07	18866.56
山西	4860.60	575.01	9.10	1.63	8529.11
内蒙古	5703.00	674.66	8.56	0.77	4446.85
辽宁	7054.13	843.67	9.31	2.07	16259.04
吉林	6337.77	758.00	9.05	1.28	8780.64
黑龙江	6336.07	749.56	8.88	0.66	4393.00

---

① 韩睿娟. 农村家庭收入与高等教育支出关系研究 [D]. 河南:河南师范大学论文,2011.

续表

地区	2009~2011年人均纯收入（元/年）	年人均教育支出（元/年）	平均受教育年限（年）	单位面积耕地就业人数（人/公顷）	耕地资源的就业保障价值（元/公顷）
上海	14171.57	1694.92	10.74	1.11	20205.81
江苏	9308.90	1113.34	8.60	2.23	21351.72
浙江	11460.20	1370.64	8.39	1.84	21159.39
安徽	5340.57	631.79	7.54	2.62	12480.87
福建	7628.57	912.38	7.94	3.48	25210.06
江西	5918.40	700.15	8.53	3.55	21201.49
山东	7150.40	855.19	8.46	3.69	26696.74
河南	5644.90	667.79	8.59	3.73	21396.51
湖北	5921.83	700.55	8.64	2.88	17432.00
湖南	5699.37	674.24	8.63	4.59	26707.60
广东	8056.30	963.53	9.11	3.89	34145.60
广西	4585.03	542.41	8.24	3.60	16090.03
海南	5488.60	649.30	8.64	2.72	15259.10
重庆	5411.83	640.22	7.94	3.54	17995.04
四川	5225.87	618.22	7.63	3.46	16320.89
贵州	3540.90	399.41	7.22	2.63	7584.30
云南	4014.43	452.83	7.02	2.58	8201.44
西藏	4191.57	495.86	4.48	2.33	5176.01
陕西	4190.17	495.70	8.73	2.07	8957.78
甘肃	3438.07	387.81	7.26	1.92	5405.82
青海	3939.13	444.33	7.43	1.61	5315.26
宁夏	4711.07	557.32	8.41	1.24	5811.95
新疆	4656.00	550.80	8.88	1.28	6260.67

3. 每公顷耕地的粮食安全保障价值的核算过程。

（1）计算公式：

$$Vgs = (|GC - GP| \times GSSR) \times (GMP - GPC) \quad (5.5)$$

其中，Vgs 表示粮食安全保障价值，GC 表示粮食消费量，GP 表示粮食生产量，$GSSR$ 表示单位耕地面积的平均粮食产量，GMP 为市场粮食销售价格，GPC 为本地粮食生产成本。

（2）指标说明。

第一，粮食消费量 = 人口数量 × 人均口粮消费量。

第二，粮食生产成本 = 物质与服务费用 + 人工成本 + 土地成本。考虑到不同省份种植业的区域差异，在具体核算各省份粮食生产成本时，以各省份某一农作物产量占全省农作物产量的比重为权重加权而得。

（3）数据来源。

第一，1981～2011年和1996～2011年城乡居民的人均口粮消费分别为344.6千克和318.6千克，随着生活水平的提高，口粮消费的比重有下降的趋势，本书人均口粮消费量定为300千克。

第二，综合史培军和杨明川（1999）[①]、陈百明和周小萍（2005）[②] 的研究结果，本书认为粮食自给率达到90%，本区域粮食供给是安全的。

第三，各省市粮食销售价格和各省市粮食生产成本均采用《全国农产品成本收益资料汇编》（2009年、2010年和2011年）三年的平均数。

具体核算结果如表5-5所示。

---

① 史培军，杨明川. 中国粮食自给率水平与安全性研究 [J]. 北京师范大学学报（社会科学版），1999，156（6）：70-80.

② 陈百明，周小萍. 中国粮食自给率与耕地资源安全底线的探讨 [J]. 经济地理，2005，25（2）：145-148.

表 5-5 全国各省份耕地粮食安全保障价值

地区	自给率90%情景下粮食盈亏量（万吨）	总成本（元/吨）	出售价格（元/吨）	2011年耕地面积（公顷）	耕地粮食安全保障价值（元/公顷）
北京	549.32	1097.36	1650.92	231700	13123.82
天津	299.48	991.05	1632.64	441100	4355.93
河北	626.22	1165.54	1728.04	6317300	557.59
山西	9.23	1279.89	1878.28	4455800	12.39
内蒙古	1491.30	1591.13	2011.35	7147200	876.81
辽宁	480.92	1289.01	1791.79	4085300	591.86
吉林	2142.45	1412.62	1764.45	5534600	1361.94
黑龙江	3977.64	1747.36	2422.68	11830100	2270.63
上海	639.54	1443.56	1762.21	244000	8352.03
江苏	540.45	1179.00	1696.54	4763800	587.15
浙江	1032.44	1315.64	1875.49	1920900	3009.05
安徽	1073.97	1137.99	1884.61	5730200	1399.34
福建	587.25	1346.42	1914.10	1330100	2506.35
江西	457.56	1198.22	1741.33	2827100	879.01
山东	1009.49	1080.08	1694.38	7515300	825.15
河南	2111.85	1007.79	1693.65	7926400	1827.35
湖北	377.24	1020.70	1616.54	4664100	481.92
湖南	614.57	1150.52	1655.00	3789400	818.17
广东	2080.44	1385.36	1923.11	2830700	3952.23
广西	138.42	1457.70	1835.46	4217500	123.98
海南	99.86	1203.83	1708.35	727500	692.49
重庆	96.98	1539.87	1763.18	2235900	96.85
四川	439.56	1271.73	1690.88	5947400	309.79
贵州	125.91	1510.12	1822.96	4485300	87.82

续表

地区	自给率90%情景下粮食盈亏量（万吨）	总成本（元/吨）	出售价格（元/吨）	2011年耕地面积（公顷）	耕地粮食安全保障价值（元/公顷）
云南	106.61	1536.79	1804.19	6072100	46.95
西藏	11.61	1511.60	2029.60	361600	166.32
陕西	61.61	1369.33	1720.84	4050300	53.46
甘肃	186.66	1513.61	1630.62	4658800	46.88
青海	89.15	1449.32	2014.77	542700	928.82
宁夏	133.70	1356.61	1763.50	1107100	491.37
新疆	442.31	1015.75	1455.21	4124600	471.26

4. 耕地的社会价值核算结果。把以上核算出的每公顷耕地资源的最低生活保障价值、每公顷耕地资源的就业保障价值和每公顷耕地资源的粮食安全保障价值进行加总而求得每公顷耕地资源的社会总价值。

具体核算结果如表 5-6 所示。

表 5-6　　　　全国各省份耕地资源的社会总价值　　　单位：元/公顷

地区	耕地农民最低生活保障价值	耕地资源的就业保障价值	耕地粮食安全保障价值	耕地资源社会总价值
北京	395495.08	25549.96	13123.82	434168.86
天津	270979.26	21612.70	4355.93	296947.89
河北	116088.49	18866.56	557.59	135512.64
山西	70462.21	8529.11	12.39	79003.70
内蒙古	31060.20	4446.85	876.81	36383.86
辽宁	80763.39	16259.04	591.86	97614.29
吉林	35630.01	8780.64	1361.94	45772.59

续表

地区	耕地农民最低生活保障价值	耕地资源的就业保障价值	耕地粮食安全保障价值	耕地资源社会总价值
黑龙江	19952.66	4393.00	2270.63	26616.29
上海	301170.55	20205.81	8352.03	329728.39
江苏	279105.25	21351.72	587.15	301044.11
浙江	349098.69	21159.39	3009.05	373267.13
安徽	125015.75	12480.87	1399.34	138895.95
福建	205070.88	25210.06	2506.35	232787.30
江西	114775.65	21201.49	879.01	136856.16
山东	145818.74	26696.74	825.15	173340.63
河南	120656.17	21396.51	1827.35	143880.04
湖北	103037.68	17432.00	481.92	120951.60
湖南	135325.50	26707.60	818.17	162851.26
广东	276913.29	34145.60	3952.23	315011.12
广西	93587.42	16090.03	123.98	109801.43
海南	119330.83	15259.10	692.49	135282.42
重庆	143861.50	17995.04	96.85	161953.39
四川	112034.87	16320.89	309.79	128665.54
贵州	64729.43	7584.30	87.82	72401.55
云南	44716.85	8201.44	46.95	52965.24
西藏	32509.26	5176.01	166.32	37851.58
陕西	108088.22	8957.78	53.46	117099.47
甘肃	46001.05	5405.82	46.88	51453.75
青海	60236.58	5315.26	928.82	66480.66
宁夏	36234.63	5811.95	491.37	42537.95
新疆	24392.12	6260.67	471.26	31124.05

(三) 耕地生态价值的核算

生态系统服务价值是以生态系统的功能而确定的。土地生态系统的功能是土地资源构成要素及其生态过程对于人类赖以生存的自然环境的作用与效用。一般认为，土地生态系统服务功能主要包括：气体调节、气候调节、水分调节、侵蚀控制、土壤形成、废物处理、生物多样性、食物生产、原材料、娱乐文化这十项。耕地作为土地利用的一种类型，同样具有这些方面的功能。

谢高地，鲁春霞和成升魁 (2001)[①] 计算了我国耕地资源生态服务的年价值为 5140.9 元/公顷，但这只是全国的平均值，对具体地区的评价还需要根据各地自然条件的差异加以修正。最后，再用收益还原法确定各省市耕地资源的生态服务价值。计算公式如下：

$$耕地资源的生态服务价值 = (全国耕地资源生态服务年均价值 \times 区域差异修正系数)/收益还原率 \tag{5.6}$$

为评价各地自然条件的差异，蔡运龙和霍雅勤 (2006)[②] 采用的方法是用耕地的潜在经济产量与全国一级耕地单位面积平均潜在经济产量的比值来反映各地自然条件的差异。考虑到全国各省市数据的可获性以及统计口径、核算方法的统一性，循着并借鉴这一思路，本书采用全国各省市耕地农作物的平均产量与全国耕地农作物的平均产量的比例来表征区域间的自然条件的差异。因为，在我国农户分散经营模式和现有的耕作技术条件下，耕地的农作物产量在很大程度上取决于自然资源的禀赋，耕地的农作物产量也是各地区光温、水、土地等自然环境条件的反映，同时耕地是农作物生长的

---

① 谢高地，鲁春霞，成升魁. 全球生态系统服务价值评估研究进展 [J]. 资源科学，2001，23 (6)：5-9.

② 蔡运龙，霍雅勤. 中国耕地价值重建方法与案例研究 [J]. 地理学报，2006 (10)：1084-1092.

场所，耕地的气体调节、气候调节、侵蚀控制、生物多样性、食物生产、原材料、娱乐文化等大部分生态服务功能是建立在耕地上生长的农作物的基础上，是由农作物所附带的增值功能所带来的。

基于以上认识，本书把各省市自然条件修正系数的计算公式为：

修正系数 = 某一省份耕地主导农作物产量/全国耕地主导农作物平均产量

(5.7)

某一省份耕地主导农作物产量的选取依据也是根据每种主导农作物占总播种面积的比重，各省份主导农作物播种面积占全国主导农作物播种面积的比重为权重加权而最终计算出 1996~2005 年全国耕地主导农作物平均产量为 5456.58 千克/公顷。同样地，具体到各个省份单位耕地面积主导农作物的产量计算，也是由这一省份的某一农作物播种面积占全省主导农作物播种面积的比重为权重最后加权而计算得出。

具核算结果如表 5-7 所示。

表 5-7 全国各省市耕地生态系统的服务价值

地区	耕地农作物产量（千克/公顷）	修正系数	耕地生态服务年价值（元/公顷）	收益还原率	耕地生态服务价值（元/公顷）
北京	5443.26	0.9976	5128.36	0.0131	390268.22
天津	4326.37	0.7929	4076.09	0.0133	305339.89
河北	4323.42	0.7923	4073.31	0.0138	295477.88
山西	3192.61	0.5851	3007.92	0.014	215517.21
内蒙古	4025.57	0.7377	3792.69	0.0143	264995.27
辽宁	5965.6	1.0933	5620.49	0.0136	412206.65
吉林	6305.88	1.1556	5941.08	0.0137	434292.72
黑龙江	6889.02	1.2625	6490.48	0.0138	469716.29

续表

地区	耕地农作物产量（千克/公顷）	修正系数	耕地生态服务年价值（元/公顷）	收益还原率	耕地生态服务价值（元/公顷）
上海	6307.8	1.156	5942.89	0.0128	464377.2
江苏	5486.46	1.0055	5169.06	0.0135	382045.17
浙江	6042.82	1.1074	5693.24	0.0134	425284.69
安徽	4198.09	0.7694	3955.22	0.0139	284182.75
福建	5461.74	1.0009	5145.78	0.0138	373325.96
江西	4902.98	0.8985	4619.34	0.0145	318503.47
山东	5421.1	0.9935	5107.48	0.0135	377545.08
河南	5052.47	0.9259	4760.18	0.014	340543.08
湖北	4402.84	0.8069	4148.13	0.0141	294849.07
湖南	5258.91	0.9638	4954.68	0.0142	350097.85
广东	8437.36	1.5463	7949.25	0.0136	582441.71
广西	7628.65	1.3981	7187.32	0.014	512384.34
海南	10521.73	1.9283	9913.04	0.0137	722858.53
重庆	4854.07	0.8896	4573.26	0.0139	328039.82
四川	4549.18	0.8337	4286.01	0.014	305163.73
贵州	3714.67	0.6808	3499.77	0.0152	230844.81
云南	7073.72	1.2964	6664.50	0.0153	436458.23
西藏	5174.02	0.9482	4874.70	0.0155	313784.1
陕西	3344.13	0.6129	3150.67	0.0143	220767.32
甘肃	3150.42	0.5774	2968.17	0.0148	200262.32
青海	3081.62	0.5648	2903.34	0.0151	191707.71
宁夏	3780.74	0.6929	3562.03	0.0143	249947.26
新疆	4720.71	0.8651	4447.62	0.0148	299813.85

(四) 耕地多功能总价值核算结果

最后把耕地资源的经济价值、社会价值和生态价值三项价值加总而得出耕地资源总价值,即:

$$耕地资源总价值 = 耕地经济价值 + 耕地社会价值 + 耕地生态价值 \qquad (5.8)$$

具体计算结果如表 5-8 和表 5-9 所示。

表 5-8　　　　全国各省市耕地资源总价值　　　　单位:元/公顷

地区	耕地资源的经济价值	耕地资源社会价值	耕地生态服务价值	耕地多功能总价值
北京	270838.45	434168.86	390268.2	1095275.51
天津	393890.09	296947.89	305339.9	996177.88
河北	296710.12	135512.64	295477.9	727700.66
山西	258719.03	79003.7	215517.2	553239.93
内蒙古	169346.26	36383.86	264995.3	470725.42
辽宁	245408.35	97614.29	412206.7	755229.34
吉林	127320.73	45772.59	434292.7	607386.02
黑龙江	179355.05	26616.29	469716.3	675687.64
上海	177442.38	329728.39	464377.2	971547.97
江苏	254806.25	301044.11	382045.2	937895.56
浙江	264786.3	373267.13	425284.7	1063338.13
安徽	266871.15	138895.95	284182.8	689949.9
福建	317517.51	232787.3	373326	923630.81
江西	244306.16	136856.16	318503.5	699665.82
山东	359045.29	173340.63	377545.1	909931.02
河南	287825.25	143880.04	340543.1	772248.39
湖北	298968.6	120951.6	294849.1	714769.3

续表

地区	耕地资源的经济价值	耕地资源社会价值	耕地生态服务价值	耕地多功能总价值
湖南	234203.96	162851.26	350097.9	747153.12
广东	279942.87	315011.12	582441.7	1177395.69
广西	251944.23	109801.43	512384.3	874129.96
海南	245346.5	135282.42	722858.5	1103487.42
重庆	87284.36	161953.39	328039.8	577277.55
四川	183721.99	128665.54	305163.7	617551.23
贵州	116610.32	72401.55	230844.8	419856.67
云南	96934.85	52965.24	436458.2	586358.29
西藏	142763.01	37851.58	313784.1	494398.69
陕西	130673.39	117099.47	220767.3	468540.16
甘肃	81819.71	51453.75	200262.3	333535.76
青海	143407.07	66480.66	191707.7	401595.43
宁夏	196088.23	42537.95	249947.3	488573.48
新疆	369313.24	31124.05	299813.9	700251.19
全国	6973210.7	4588250.8	10993042	22554503.94

表5-9 全国各省市耕地资源经济、社会和生态三项分值占总价值的比重　　　单位：%

地区	耕地资源的经济价值占总价值的比重	耕地资源社会价值占总价值的比重	耕地生态服务价值占总价值的比重
北京	24.73	39.64	35.63
天津	39.54	29.81	30.65
河北	40.77	18.62	40.60
山西	46.76	14.28	38.96
内蒙古	35.98	7.73	56.30

续表

地区	耕地资源的经济价值占总价值的比重	耕地资源社会价值占总价值的比重	耕地生态服务价值占总价值的比重
辽宁	32.49	12.93	54.58
吉林	20.96	7.54	71.50
黑龙江	26.54	3.94	69.52
上海	18.26	33.94	47.80
江苏	27.17	32.10	40.73
浙江	24.90	35.10	40.00
安徽	38.68	20.13	41.19
福建	34.38	25.20	40.42
江西	34.92	19.56	45.52
山东	39.46	19.05	41.49
河南	37.27	18.63	44.10
湖北	41.83	16.92	41.25
湖南	31.35	21.80	46.86
广东	23.78	26.75	49.47
广西	28.82	12.56	58.62
海南	22.23	12.26	65.51
重庆	15.12	28.05	56.83
四川	29.75	20.83	49.42
贵州	27.77	17.24	54.98
云南	16.53	9.03	74.44
西藏	28.88	7.66	63.47
陕西	27.89	24.99	47.12
甘肃	24.53	15.43	60.04
青海	35.71	16.55	47.74
宁夏	40.13	8.71	51.16
新疆	52.74	4.44	42.82

从表 5-8 和表 5-9 可以看出，耕地的多功能价值呈现出一定的区域差异性。例如，在快速城市化和工业化的上海市，耕地的经济价值 177442.38 元/公顷，占其总价值的 18.26%，社会价值 329728.39 元/公顷，占其总价值的 33.94%，生态服务价值 464377.2 元/公顷，占其总价值的 47.80%；在农业大省黑龙江省，耕地的经济价值 179355.05 元/公顷，占其总价值的 26.54%，社会价值 26616.29 元/公顷，占其总价值的 3.94%，生态服务价值 469716.3 元/公顷，占其总价值的 69.52%。

在 31 个样本中，全国耕地资源社会价值平均为 14.80 万元/公顷，最高北京市 43.42 万元/公顷，最低黑龙江省 2.66 万元/公顷。从耕地资源社会总价值的构成来看，耕地最低生活保障价值所占的比重最高，全国平均比重为 86.67%，可见，在目前我国农村社会保障还不健全的大背景下，耕地资源承担着保障农民生存的替代功能。全国耕地生态总价值为 10993042 元/公顷，占其总价值的 48.74%，说明耕地的生态价值功能极其显著。

第二节　基于粮食安全的耕地保护区域经济补偿标准测算

耕地是农作物生长的场所，是粮食生产最经济的途径。由于我国尚处于社会主义初级阶段，耕地对于广大农民来说，不仅具有财产功能，还具有社会保障功能。同时，耕地的生态效用，农业的景观旅游价值，也日益受到人们的广泛关注。但是，目前耕地的农业经济效益比较差，而耕地的生态功能、景观价值、粮食安全和社会保障等功能效用，因为外部性明显，社会支付意愿低等原因，很难在经济上得到实现。严格保护耕地需要对耕地的外部效益进行补偿。

对耕地保护外部效益补偿的研究，大多基于对耕地多功能价值的核算。它虽然提供了耕地保护外部效益补偿标准的确定途径，具有很强的说服力。但大部分研究并没有在此基础上进一步核算出全国范围内的耕地保护区域经济补偿标准。更为重要的是，耕地的非市场价值因偏重于主观概念上的价值且核算理论与方法的不统一，造成测算出的耕地多功能价值差别较大。根据贺锡苹和张小华（1994）① 的测算，全国耕地资源总价值为 2.43 万亿元，而周建春（2005）② 计算得到的耕地资源总价值高达 139.6 万亿元，两者的差距达 50 多倍，显然误差较大，需要深入研究。

一、测算耕地保护区域经济补偿标准的技术思路

一般认为，耕地保护的主要目标是为了防止耕地过度减少，保证国家的粮食安全。耕地资源与粮食安全存在较强的关联性（Yang & Li, 2000; Wei Li, Tingting Feng & Jinmin Hao, 2009）③④，而维护粮食安全既是一种全民福利，也是一种全民责任（刘卫东, 2008）⑤。由于目前粮食生产的比较效益低，如果一个地区的土地资源更多的用于种植粮食，其经济效益相对于建设用地来说，单位面积产值要低。生产粮食越多，意味着利益流失越大，耕地保护的机会成本损失也越高。而且，产粮大省地区为全国粮食安全所做的贡献并没有在粮食交易中得到体现，使得粮食生产的边际私人成本（或边际私人收益）与边际社会成本（或边际社会收益）相偏离。科学地测算和确定耕地保护外部效益的补偿标准，有利于促进粮食主产区和粮食主销区的合理分工协作，通过因地制宜，在

---

① 贺锡苹，张小华. 耕地资产核算方法与实例分析 [J]. 中国土地科学，1994, 8 (6): 24 - 27.

② 周建春. 耕地估价理论与方法研究 [D]. 南京：南京农业大学论文，2005.

③ Yang H., Li X. B. Cultivated land and food supply in China [J]. Land Use Policy, 2000 (17): 73 - 88.

④ Wei Li, Tingting Feng, Jinmin Hao. The evolving concepts of land administration in China: cultivated land protection perspective [J]. Land Use Policy, 2009, 26: 262 - 272.

⑤ 刘卫东. 论耕地保护认识的误区 [J]. 中国经济与管理科学，2008, 9 (3): 8 - 10.

保障国家粮食安全的前提下，实现国民经济又好又快发展。耕地保护外部效益的区域补偿标准测算的整体技术思路主要分为：第一，区域耕地保护的机会成本核算；第二，在区域粮食自给率和人均消费水平的不同情景下，核算出各区域粮食盈亏量，再根据粮食单产、粮作比重和复种指数，把各区域的粮食盈亏量折算成耕地盈余或赤字量；第三，依据耕地保护的机会成本和基于区域粮食安全所折算的耕地盈余或赤字量，最终确定耕地保护外部效益的经济补偿数额。具体技术路线如图 5-1 所示。

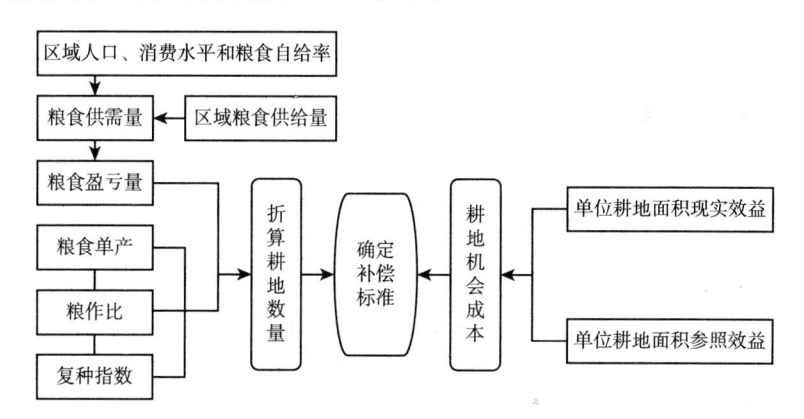

图 5-1　基于粮食安全的耕地保护区域经济补偿标准测算的技术路线

二、耕地保护区域经济补偿标准的测算过程

1. 数据来源。1996~2005 年的全国各地区的土地面积数据（耕地、建设用地、园地、林地和牧草地）来源于《中国土地年鉴》、《中国国土资源年鉴》和国土资源部信息中心主办的资源网；1996~2005 年的全国各地区的社会经济数据（农业产量产值、第二、第三业产值、常住人口、播种面积和养殖水面等）来源于 1996~2006 年《中国统计年鉴》、1996~2006 年《中国农业年鉴》以及中国统计数据库。表 5-10 数据是根据以上统计资料整理而成

的部分基础数据。

表 5-10 测算耕地保护外部效益补偿所涉及的部分基础数据

地区	粮食作物播种面积平均比重（%）	单位播种面积平均粮食产量（吨/公顷）	平均复种指数	单位耕地面积平均粮食产量（吨/公顷）	单位面积建设用地二、三业平均产值（元/公顷）	单位面积园地养殖水面的平均效益农业产值（元/公顷）	单位面积林地牧草地平均林牧业产值（元/公顷）
北京	0.69	4.44	1.33	4.07	1159126	60285	18886
天津	0.61	4.83	1.36	4.02	604633	98264	15915
河北	0.62	4.4	1.42	3.88	290014	93124	17069
山西	0.74	3.91	1.37	3.97	241984	31725	2891
内蒙古	0.79	3.03	0.93	2.23	107809	44337	4352
辽宁	0.75	3.21	0.99	2.38	336462	48757	7728
吉林	0.79	5.28	1.00	4.16	168038	33530	3371
黑龙江	0.86	5.68	0.99	4.83	206301	24891	1324
上海	0.85	3.45	2.40	7.03	1353985	53074	508
江苏	0.46	6.62	1.98	6.02	316716	49672	2364
浙江	0.66	5.84	2.06	7.94	855644	83084	5528
安徽	0.6	5.42	1.96	6.37	164648	40943	14689
福建	0.69	4.23	2.60	7.59	366779	89080	4085
江西	0.63	4.79	2.48	7.49	217689	49831	3417
山东	0.61	4.86	1.78	5.29	307135	20032	14659
河南	0.65	5.32	1.94	6.72	225973	31916	27226
湖北	0.68	4.6	1.76	5.50	277146	53116	5971
湖南	0.69	5.38	2.06	7.63	248561	46757	5801
广东	0.69	5.44	2.39	8.97	715562	74538	5587

续表

地区	粮食作物播种面积平均比重(%)	单位播种面积平均粮食产量(吨/公顷)	平均复种指数	单位耕地面积平均粮食产量(吨/公顷)	单位面积建设用地二、三业平均产值(元/公顷)	单位面积园地养殖水面的平均效益农业产值(元/公顷)	单位面积林地牧草地平均林牧业产值(元/公顷)
广西	0.6	5.26	2.16	6.83	219890	50744	3564
海南	0.57	4.17	2.25	5.35	139587	41752	8049
重庆	0.59	3.76	1.57	3.48	278708	48568	6353
四川	0.76	4.16	1.52	4.81	245650	47267	2589
贵州	0.71	4.77	1.58	5.35	175906	63391	1803
云南	0.66	3.61	2.07	4.92	229792	18839	1379
西藏	0.72	3.5	0.99	2.50	179340	245543	40
陕西	0.83	4.92	1.27	5.17	227124	29262	1338
甘肃	0.81	3.02	1.03	2.51	98012	52724	636
青海	0.73	2.96	0.98	2.12	96666	10062	951
宁夏	0.57	3.29	0.68	1.27	144125	41013	1370
新疆	0.76	3.51	0.95	2.53	100279	28362	280

注：单位耕地面积粮食产量＝粮食作物播种面积比重×复种指数×单位播种面积粮食产量；复种指数是以1996~2005年的各地区十年复种指数的平均数而求得，并参阅有关全国各地区复种指数的文献资料（范锦龙和吴炳方，2004；闫慧敏，刘纪远和曹明奎，2005；张效军，2006），经过对比分析，大部分地区复种指数与相关文献所计算的复种指数相差无几，对个别相差较大的省份进行了修正，以不同文献核算结果的平均数作为修正值。

2. 粮食自给率的确定。粮食自给率达到多少才意味着粮食供给是安全的？目前国内对我国粮食自给率的研究可归结为三种观点：第一种观点认为中国粮食自给率目标以90%左右为宜（陈百明和周小萍，2005）[1]；第二种观点认为中国粮食自给率的合理闭限以85%~90%为宜，这一自给率水平下既不会威胁到中国的粮食安全，又不会造成外汇的短缺还有利于生态环境建设（史培军和杨明川，1999）[2]；第三种观点认为我国粮食自给率应该保持在95%左右（中国粮食经济学会，2005）[3]。为强化区域粮食安全，本书采用90%和95%两种情景的粮食自给率进行耕地保护的外部效益补偿标准的测算。

3. 人均粮食消费水平的确定。随着人们消费水平的提高，膳食消费结构也在不断发生变化。从1996年到2007年，我国城乡居民的人均口粮消费比重从83.4%降到了70.3%，而与此相对应，以饲料用粮和工业用粮为主的非口粮食消费正在快速增长，非口粮食消费比重从16.6%增加到30.0%。根据胡靖（2003）[4]的研究结果认为中国生存性粮食安全最低数量要求248.56千克，再根据1996~2005年我国非口粮平均所占比重15.6%和平均人均口粮消费320.8千克，从而可得出我国人均粮食消费标准。同时在参阅国外研究成果的基础上（FAO，1982；Brown，1995；Fellini, Gilbert & Waht，2003）[5][6][7]，本书采用人均粮食消费标准300千克、350

---

[1] 陈百明，周小萍. 中国粮食自给率与耕地资源安全底线的探讨 [J]. 经济地理，2005，25（2）：145-148.

[2] 史培军，杨明川. 中国粮食自给率水平与安全性研究 [J]. 北京师范大学学报（社会科学版），1999，156（6）：70-80.

[3] 中国粮食经济学会. 国家粮食安全战略研究和政策建议 [J]. 中国粮食经济，2005（3）：8-11.

[4] 胡靖. 入世与中国渐进式粮食安全 [M]. 北京：中国社会科学出版社，2003：268.

[5] FAO. Potential population-supporting capacities of lands in the developing world. FPA/INT/513, Rome.

[6] Brown L. R. Who Will Feed China? Wake-up Call for a Small Planet [M]. New York: World Watch Institute, 1995.

[7] Fellini F., Gilbert J., Wahl T. I., Wandschneider P. Trade policy, Biotechnology and grain self-sufficiency in China [J]. Agricultural Economics, 2003 (28): 173-186.

千克和 400 千克三种情境来测算区域内粮食的需求量,分别用 W_{300}、W_{350} 和 W_{400} 表示。

4. 耕地保护机会成本的核算。根据本书第四章第二节中对耕地保护机会成本的定义描述和耕地保护机会成本的核算思路,由于耕地的生态效益和社会效益的计算非常复杂,以耕地保护的机会成本来进行区域耕地保护补偿标准核算,可以避免不必要的概念争论和参数选择,计算结果比较直观,符合市场经济主体的行为,具有客观性和可行性。维持现实收益的耕地用途时所放弃的"参照价值"以占用耕地而获得平均经济效益来表征,占用耕地而获得经济效益与耕地现实收益之间的差额反映了耕地保护的机会损失,用公式表示为:

$$O_i = R_i - E_i \tag{5.9}$$

其中,O_i 为耕地保护的机会成本,R_i 为第 i 个地区某一序列年份内耕地资源参照收益,E_i 为第 i 个地区某一序列年份内耕地资源现实收益。

(1) 耕地保护参照收益的计算公式如下:

$$\begin{aligned}参照收益 = &\ 单位面积建设用地第二、第三产业产值 \times 建设占用耕地比例\\ &+ 单位面积园地和养殖水面的效益农业产值\\ &\times 农业结构调整占用耕地比例\\ &+ 单位面积林地(牧草地)的林、牧业产值\\ &\times 退耕还林(还草)占用耕地比例\end{aligned} \tag{5.10}$$

(2) 耕地保护现实收益的计算公式如下:

$$现实收益 = 种植业产值/耕地面积 \tag{5.11}$$

运用上述两公式计算出各个地区 1996~2005 年耕地保护的机会成本损失。具体计算结果如表 5-11 所示。

表 5-11　区域土地利用效益与耕地保护的机会成本

地区	1996~2005年单位面积耕地现实收益（元/公顷）	1996~2005年单位面积耕地参照收益（元/公顷）	单位面积耕地机会成本（万元/公顷）	地区	1996~2005年单位面积耕地现实收益（元/公顷）	1996~2005年单位面积耕地参照收益（元/公顷）	单位面积耕地机会成本（万元/公顷）
北京	32502.26	331166.36	29.87	湖北	15308.01	40843.24	2.55
天津	19057.10	182658.38	16.36	湖南	18518.15	41903.09	2.34
河北	14546.15	53230.89	3.87	广东	28643.25	184370.85	15.57
山西	5487.79	18830.86	1.33	广西	11821.48	53666.41	4.18
内蒙古	4740.17	7173.98	0.24	海南	19698.45	21907.73	0.22
辽宁	12709.62	68888.58	5.62	重庆	11573.81	41609.20	3.00
吉林	7404.13	34930.78	2.75	四川	13514.20	32214.98	1.87
黑龙江	4505.75	34380.60	2.99	贵州	6237.48	16415.49	1.02
上海	33577.86	404031.16	37.05	云南	7180.04	28426.78	2.12
江苏	23026.01	79745.43	5.67	西藏	7142.35	24227.30	1.71
浙江	26828.38	315262.55	28.84	陕西	8002.96	12754.09	0.48
安徽	12271.94	39226.84	2.70	甘肃	5633.62	5733.36	0.01
福建	33351.61	108214.36	7.49	青海	4997.97	5371.90	0.04
江西	14473.96	48388.78	3.39	宁夏	4710.88	5581.65	0.09
山东	19738.45	58613.08	3.89	新疆	10358.73	16583.59	0.62
河南	16888.37	50452.20	3.36	全国	14659.71	76828.99	6.22

5. 粮食盈亏量的计算。为保障区域自身粮食安全，根据区域内粮食供需量和已设定的区域粮食自足率可核算出区域粮食盈亏量，其计算公式为：

$$M_i = (S_i - D_i \times P_i) \times Z \qquad (5.12)$$

其中，S_i 为第 i 个地区的某一序列年份内粮食平均供给量，D_i 表示第 i 个地区的某一序列年份内人均粮食平均消费量，P_i 表示第 i 个地区的某一序列年份内的平均常住人口，Z 为区域内粮食自给率。M_i 为第 i 个地区的粮食盈亏量，其值为正数表明该地区粮食有盈余，粮食供给在满足本地区消费后还有剩余，其值为负数表明该地区粮食有缺口，需要从外部市场调入粮食。根据以上分析，计算出 1996~2005 年粮食自给率在 90% 和 95% 情景下我国各地区的粮食盈亏量，具体计算结果如表 5-12 所示。

表 5-12 粮食自给率 90% 和 95% 情景下各区域的粮食盈亏量 单位：万吨

地区	区域粮食自给率 90% 情景			区域粮食自给率 95% 情景		
	粮食盈亏量 (W_{300})	粮食盈亏量 (W_{350})	粮食盈亏量 (W_{400})	粮食盈亏量 (W_{300})	粮食盈亏量 (W_{350})	粮食盈亏量 (W_{400})
北京	-256.71	-318.15	-379.58	-270.97	-335.82	-400.67
天津	-135.83	-180.42	-225.00	-143.38	-190.44	-237.50
河北	516.89	216.61	-83.67	545.60	228.64	-88.32
山西	-46.51	-192.51	-338.50	-49.09	-203.20	-357.31
内蒙古	646.95	540.67	434.39	682.89	570.71	458.52
辽宁	275.83	87.68	-100.47	291.16	92.55	-106.05
吉林	1299.48	1179.15	1058.81	1371.68	1244.66	1117.64
黑龙江	1543.95	1373.28	1202.61	1629.73	1449.57	1269.42
上海	-296.47	-368.13	-439.80	-312.94	-388.59	-464.23
江苏	735.60	406.97	78.33	776.47	429.58	82.69
浙江	-281.61	-488.00	-694.38	-297.26	-515.11	-732.96
安徽	680.40	398.87	117.35	718.20	421.03	123.87
福建	-186.91	-339.95	-492.98	-197.29	-358.83	-520.37
江西	418.77	229.39	40.02	442.03	242.14	42.24
山东	975.88	571.25	166.62	1030.09	602.98	175.87
河南	1239.46	814.04	388.62	1308.31	859.26	410.21
湖北	575.34	308.96	42.59	607.30	326.13	44.96
湖南	619.71	325.41	31.10	654.14	343.49	32.83

续表

地区	区域粮食自给率90%情景			区域粮食自给率95%情景		
	粮食盈亏量 (W_{300})	粮食盈亏量 (W_{350})	粮食盈亏量 (W_{400})	粮食盈亏量 (W_{300})	粮食盈亏量 (W_{350})	粮食盈亏量 (W_{400})
广东	-626.11	-973.63	-1321.14	-660.89	-1027.72	-1394.54
广西	71.95	-141.24	-354.43	75.95	-149.09	-374.12
海南	-36.13	-71.40	-106.67	-38.14	-75.37	-112.59
重庆	169.59	31.97	-105.64	179.01	33.75	-111.51
四川	527.04	128.99	-269.06	556.32	136.16	-284.00
贵州	-6.19	-174.60	-343.01	-6.53	-184.30	-362.07
云南	154.78	-36.80	-228.39	163.38	-38.85	-241.08
西藏	15.27	3.43	-8.31	16.01	3.62	-8.77
陕西	-26.28	-190.16	-354.05	-27.74	-200.73	-373.72
甘肃	26.21	-88.83	-203.87	27.66	-93.77	-215.20
青海	-50.14	-73.46	-96.78	-52.92	-77.54	-102.15
宁夏	105.51	80.38	55.24	111.37	84.84	58.31
新疆	237.78	154.69	71.60	250.99	163.28	75.57

注：表中"+"号表示粮食有盈余，"-"号表示粮食出现赤字。

从表5-12中可以看出，粮食盈余区主要分布在黑龙江、吉林、内蒙古、河南、山东、安徽、江苏、湖南、江西、湖北和河北，这些地区大多农业生产条件较为优越，农业生产水平较高。2005年这些地区的粮食总产量占全国比重63.6%。粮食赤字最为严重的地区主要有广东、浙江、上海、福建、北京和天津，这些地区为我国的经济中心城市或沿海发达城市，工业化和城市化水平较高，土地利用的集约化水平高，经济发展与耕地保护、粮食安全的矛盾最为突出。2005年这些地区的粮食产量仅占全国的6.6%。粮食赤字较为严重的地区主要有贵州、广西、甘肃、青海、海南、云南和西藏这些经济相对落后的西部地区以及农业生产条件较为恶劣或有特殊饮食习惯的地区,这些地区土地贫瘠,粮食生产水平较低,土地利用较为粗放。

6. 粮食盈亏量折算耕地面积。依据各地区粮食播种面积比重、复种指数、单位播种面积粮食产量和粮食自给率等因素,把各个地区的粮食盈亏量折算成基于区域粮食安全战略下对应的耕地盈余或赤字量,其折算公式为:

$$L_i = \frac{M_i}{K_i \times F_i \times Q_i} \quad (5.13)$$

其中,L_i 表示第 i 个地区由粮食盈亏量折算的耕地数量,M_i 表示第 i 个地区某一序列年份内的粮食平均盈亏量,K_i 表示第 i 个地区某一序列年份内的粮食播种面积占农作物总播种面积的平均比重,F_i 表示第 i 个地区某一序列年份内的平均复种指数,Q_i 表示第 i 个地区某一序列年份内的单位播种面积的平均粮食产量,则 K_i,F_i,Q_i 为第 i 个地区某一序列年份内单位耕地面积的平均粮食产量,i = 1,2,…,n。同时,由于各地区耕地资源禀赋和耕地生产力存在差异,耕地非农化的压力和效益也差别很大。据黄小虎和边江泽(2000)[①] 的研究,南方每损失 1 公顷耕地需北方新垦 2~6 公顷耕地补偿,用单产水平衡量,1 亩南方耕地大约相当于 1.6 亩北方耕地。因此需要通过确定统一的单位耕地面积粮食产量来统一全国耕地生产力,这样有利于保障测算结果更具有说服力和公平性,更容易被各个地区所接受。本书遵循耕地最高最佳使用原则,全国各地区中最高单位耕地面积粮食产量为 8.97 吨/公顷(见表 5 - 10)。根据公式(5.13),把表 5 - 12 中各地区粮食盈亏量折算成耕地面积,也就是至少需要用多少耕地来种植粮食才能生产出表 5 - 12 中所核算的粮食数量。具体计算结果如表 5 - 13 所示。

---

① 黄小虎,边江泽. 论耕地总量动态平衡[J]. 中国农村经济,2000(1):39 - 42.

表 5-13　根据各区域粮食盈亏量折算的耕地面积盈亏量　单位：万公顷

地区	区域粮食自给率90%的情景			区域粮食自给率95%的情景		
	耕地盈亏量(W_{300})	耕地盈亏量(W_{350})	耕地盈亏量(W_{400})	耕地盈亏量(W_{300})	耕地盈亏量(W_{350})	耕地盈亏量(W_{400})
北京	-28.62	-35.47	-42.32	-30.21	-37.44	-44.67
天津	-15.14	-20.11	-25.08	-15.98	-21.23	-26.48
河北	57.62	24.15	-9.33	60.83	25.49	-9.85
山西	-5.18	-21.46	-37.74	-5.47	-22.65	-39.83
内蒙古	72.12	60.28	48.43	76.13	63.62	51.12
辽宁	30.75	9.78	-11.2	32.46	10.32	-11.82
吉林	144.87	131.45	118.04	152.92	138.76	124.6
黑龙江	172.12	153.1	134.07	181.69	161.6	141.52
上海	-33.05	-41.04	-49.03	-34.89	-43.32	-51.75
江苏	82.01	45.37	8.73	86.56	47.89	9.22
浙江	-31.4	-54.4	-77.41	-33.14	-57.43	-81.71
安徽	75.85	44.47	13.08	80.07	46.94	13.81
福建	-20.84	-37.9	-54.96	-21.99	-40	-58.01
江西	46.69	25.57	4.46	49.28	26.99	4.71
山东	108.79	63.68	18.57	114.84	67.22	19.61
河南	138.18	90.75	43.32	145.85	95.79	45.73
湖北	64.14	34.44	4.75	67.7	36.36	5.01
湖南	69.09	36.28	3.47	72.93	38.29	3.66
广东	-69.8	-108.54	-147.28	-73.68	-114.57	-155.47
广西	8.02	-15.75	-39.51	8.47	-16.62	-41.71
海南	-4.03	-7.96	-11.89	-4.25	-8.4	-12.55
重庆	18.91	3.56	-11.78	19.96	3.76	-12.43
四川	58.76	14.38	-29.99	62.02	15.18	-31.66
贵州	-0.69	-19.46	-38.24	-0.73	-20.55	-40.36

续表

地区	区域粮食自给率90%的情景			区域粮食自给率95%的情景		
	耕地盈亏量(W_{300})	耕地盈亏量(W_{350})	耕地盈亏量(W_{400})	耕地盈亏量(W_{300})	耕地盈亏量(W_{350})	耕地盈亏量(W_{400})
云南	17.26	-4.1	-25.46	18.21	-4.33	-26.88
西藏	1.69	0.38	-0.93	1.79	0.4	-0.98
陕西	-2.93	-21.2	-39.47	-3.09	-22.38	-41.66
甘肃	2.92	-9.9	-22.73	3.08	-10.45	-23.99
青海	-5.59	-8.19	-10.79	-5.9	-8.64	-11.39
宁夏	11.76	8.96	6.16	12.42	9.46	6.5
新疆	26.51	17.24	7.98	27.98	18.2	8.43

注：表中"+"号表示区域在满足本地区粮食供给下多保护的耕地数量，"-"号表示区域少保护的耕地数量。

在粮食自给率90%和人均粮食消费量300千克的情景下，31个研究样本中，广东、北京、上海、浙江、天津、福建、青海、山西、陕西、海南和贵州这11个地区耕地出现赤字。在粮食自给率95%和人均粮食消费量400千克的情景下，吉林、黑龙江、内蒙古、河南、新疆、山东、宁夏、安徽、江苏、江西、湖北和湖南这12个地区的耕地有盈余。

三、耕地保护区域经济补偿标准的最终确定

根据耕地保护的机会成本和折算的耕地面积，耕地保护外部效益补偿标准的计算公式为：

$$C_i = L_i \times O_i \tag{5.14}$$

其中，C_i为第i个地区的补偿或支付标准，L_i为第i个地区折算的耕地数量，O_i为第i个地区耕地保护的机会成本。

根据上文所核算的1996~2005年各区域耕地面积盈亏量（见表5-13）和耕地保护的机会成本（见表5-11），测算出补偿或

支付数额（见表 5-14）。

表 5-14　根据各区域耕地面积盈亏量和耕地机会成本
核算的补偿或支付数额　　　　单位：亿元/年

地区	区域粮食自给率90%的情景			区域粮食自给率95%的情景		
	补偿额或支付额（W_{300}）	补偿额或支付额（W_{350}）	补偿额或支付额（W_{400}）	补偿额或支付额（W_{300}）	补偿额或支付额（W_{350}）	补偿额或支付额（W_{400}）
北京	-854.85	-1059.42	-1264	-902.34	-1118.28	-1334.22
天津	-247.74	-329.05	-410.36	-261.5	-347.33	-433.16
河北	223	93.45	-36.1	235.39	98.64	-38.11
山西	-6.9	-28.54	-50.19	-7.28	-30.13	-52.98
内蒙古	17.31	14.47	11.62	18.27	15.27	12.27
辽宁	172.82	54.94	-62.95	182.42	57.99	-66.44
吉林	398.39	361.5	324.61	420.53	381.58	342.64
黑龙江	514.65	457.76	400.87	543.24	483.19	423.14
上海	-1224.5	-1520.53	-1816.56	-1292.67	-1605.01	-1917.34
江苏	464.98	257.25	49.52	490.81	271.54	52.27
浙江	-905.43	-1568.99	-2232.55	-955.73	-1656.15	-2356.58
安徽	204.8	120.06	35.32	216.18	126.73	37.28
福建	-156.07	-283.86	-411.64	-164.74	-299.63	-434.51
江西	158.26	86.69	15.12	167.06	91.51	15.97
山东	423.21	247.73	72.26	446.72	261.49	76.27
河南	464.28	304.92	145.57	490.07	321.86	153.66
湖北	163.56	87.83	12.11	172.64	92.71	12.78
湖南	161.66	84.89	8.11	170.65	89.61	8.56
广东	-1086.79	-1690.01	-2293.22	-1147.17	-1783.9	-2420.63
广西	33.53	-65.82	-165.17	35.39	-69.47	-174.34
海南	-0.89	-1.75	-2.62	-0.94	-1.85	-2.76

续表

地区	区域粮食自给率90%的情景			区域粮食自给率95%的情景		
	补偿额或支付额(W_{300})	补偿额或支付额(W_{350})	补偿额或支付额(W_{400})	补偿额或支付额(W_{300})	补偿额或支付额(W_{350})	补偿额或支付额(W_{400})
重庆	56.72	10.69	-35.33	59.87	11.29	-37.3
四川	109.87	26.89	-56.09	115.98	28.39	-59.21
贵州	-0.7	-19.85	-39	-0.74	-20.96	-41.17
云南	36.58	-8.7	-53.98	38.61	-9.18	-56.98
西藏	2.89	0.65	-1.58	3.05	0.69	-1.67
陕西	-1.41	-10.18	-18.95	-1.48	-10.74	-20
甘肃	0.03	-0.1	-0.23	0.03	-0.1	-0.24
青海	-0.22	-0.33	-0.43	-0.24	-0.35	-0.46
宁夏	1.06	0.81	0.55	1.12	0.85	0.59
新疆	16.44	10.69	4.95	17.35	11.29	5.22

注：表中"+"号表示需要补偿的数额，"-"号表示需要支付的数额。

从表5-14可以看出，需要进行补偿的地区大多集中在粮食主产区，如黑龙江、吉林、内蒙古、河南、山东、江苏、新疆、安徽、江西、湖北和湖南这些地区，黑龙江所应补偿金额最高。需要支付补偿金较多的地区主要集中在粮食主销区，上海需要支付的补偿金最高，其次为广东、浙江、北京、天津和福建，这些地区土地非农开发面积大，建设用地单位面积经济产出高。贵州、海南、青海、陕西和山西等地，粮食也不能自给，主要是受地理区位和生态环境的影响。近年来退耕还林、还草面积大。虽然基于区域内粮食安全分析也需要支付耕地保护补偿金，但是，其退耕还林、还草的生态贡献大，国家应该给予补偿。

在不同情景模式下，粮食主产区为主要的补偿对象，黑龙江所应补偿的金额最多，最高可获得543.24亿元/年，而东部地区为耕地保护外部效益补偿金的主要支付者，上海需要支付的补偿金最高，最低也须支付1224.50亿元/年。上海、广东、浙江、北京、天津和福建等东部地区粮食自给率要达到90%或95%的话，则这些地区依靠自身生产能力来维护区域粮食安全，其成本较高。

如果能在尊重现实条件的基础上，考虑不同地区耕地保护的机会成本、土地利用的比较优势、耕地资源禀赋和人口流动等因素来确定一个地区的粮食自给率，并运用本书中所确定的基于耕地保护机会成本和耕地面积折算方法，耕地保护外部效益补偿标准测标将更具有实际操作性。例如，上海在人均粮食消费量设定为300千克情景下，1996~2005年平均粮食自给率为31%（粮食自给率31%以1996~2005年各个年份的粮食供给量除以相应年份的粮食消费量再求十年之平均而得），粮食赤字量为102.12万吨，耕地赤字量为11.38万公顷，则最低需支付补偿数额为421.79亿元/年。

同理，在人均粮食消费量为350千克和400千克情景下，根据1996~2005年上海实际的平均粮食自给率（27%和23%），则其需支付金额分别为456.17亿元/年和464.23亿元/年。广东，浙江，北京、天津和福建等主要粮食主销区的补偿支付额按同样方法也可求得。区域内粮食自给率的合理确定是决定一个地区粮食与耕地是否有盈亏及其需要支付或应得补偿数额的关键因素。发挥区域比较优势，完善粮食生产区域布局，增强粮食主产区商品粮的调出能力就显得极为重要。

同时，需要指出的是，表5-14中所核算的不同情景下不同地区的补偿数额或支付数额是基于各个地区的粮食供应仅依赖自身区域内的粮食生产来满足而得到的，数额较大。但在实际中，有些地区仅依靠自身区域内的粮食生产来满足消费是根本不可能的，从经济合理性来考虑也是无效率的。所以，在耕地保护过程中，应该把土地利用分区和土地利用利益分配紧密地结合起来，统筹区域土地利用，打破传统农业自给自足的封闭循环，充分发挥粮食主产区的土地自然潜力,提高农业现代化水平,使耕地保护成为实现农业区域专门化,取得规模经济效益和集聚效益的手段。只有耕地保护区、工业区、城市化地区形成合理的空间分工,才能使得地尽其用,最大程度实现生产布局优化,促进全国各地区社会经济协同发展。

第三节　本章小结

在提高耕地保护收益方面,一方面,本章节运用统一的核算方法对全国各个省市的耕地资源多功能价值进行了核算,以期凸显耕地的隐形价值。结果表明,耕地最低生活保障价值占总价值的比重大部分省份在70%~80%区间内,说明在我国现阶段,耕地的社会保障功能显得尤其重要。耕地的生态服务功能价值占总价值比重全国平均为49.96%,生态较为脆弱的西部地区所占比重较高,说明西部保护耕地,对当地的生态环境维护和改善具有极其重要的意义。另一方面,依据耕地保护的机会成本损失和基于区域粮食安全所折算的耕地盈余或赤字量,测算出了全国各个省市耕地保护区域间的经济补偿或支付标准。通过测算,在不同情景模式下,粮食主产区为主要的补偿对象,黑龙江所应补偿的金额最多,最高可获得543.24亿元/年,而东部地区为耕地保护外部效益补偿金的主要支付者,上海需要支付的补偿金最高,最低也需支付1224.50亿元/年。

第六章　基于 DMAIC 流程的耕地保护利益冲突管理

——"控制"阶段

控制阶段是 DMAIC 流程中的最后一个阶段，主要是对前面的改进措施进行监督、反馈和巩固，是实现 DMAIC 整个闭环控制的关键。

DMAIC 流程的耕地保护利益冲突管理中的改进阶段，其主要任务是针对关键影响因素建立长期的流程控制系统，构筑长期的控制体系，并确保此体系能够实现持续改进绩效。

耕地保护利益冲突的管理涉及多元化的利益主体、多样化的利益诉求和多途径的利益实现方式，是一项庞大而又复杂的系统网络工程。耕地保护利益冲突的控制主要是确定控制原则和借助审计的力量参与到耕地保护利益冲突的管理中。

第一节　耕地保护利益冲突控制总原则：共同但有区别责任原则

共同但有区别责任原则是国际环境法中的一项基本原则。早在 20 世纪 90 年代，"共同但有区别责任"原则就在许多国际环境法文件中得到了肯认，例如，《里约环境与发展宣言》《气候变化框架公约》《生物多样性公约》《世纪议程》等。根据已有学者的研究（韩德培，1998；周训芳，2000；杨兴，2003）[1][2][3]，认为共同但有区别责任原则是指基于全球环境问题的日益严重性、全球生态系统的整体性以及导致全球环境退化的各种不同因素，世界各国乃至全人类均应共同承担起保护和改善环境的责任，但在责任的领域、大小、方式、手段以及承担责任的时间先后等方面应当结合各国的基本国情而予以区别对待。

耕地保护是我国的基本国策，关系我国经济和社会可持续发展的全局性战略问题。保护耕地资源是全民共同的责任，同时，我国耕地保护外部环境的非均衡性和耕地保护机会成本损失差异决定了耕地保护责任又是有区别的。在耕地保护中，应该从注重"共同责任"转变到"共同但有区别责任"的路径中来。对耕地保护中的众多利益相关者并不能"等量齐观"，而"分类有区别的管理"才是促进提高耕地保护冲突管理能力的必然选择。本章借鉴《国际环境法》中的"共同但有区别责任"原则，探讨此原则在我国耕地保护领域中的运用。

一、耕地保护共同但有区别责任原则的内涵

基于对共同但有区别责任原则的认识，并结合耕地保护的具体实践，耕地保护共同但有区别责任原则可理解为，是指基于适宜农耕地的有限性和人口在增加，而耕地的数量在减少并且质量也时有降低的背景，为了更确实有效的保护耕地，社会成员或社会组织力量应当共同参与，共担责任，但在责任的大小、方式和手段等方面应考虑到耕地保护外部环境的非均衡性而予以区别对

---

[1] 韩德培. 环境保护法教程 [M]. 北京：法律出版社，1998：338.
[2] 周训芳. 环境法学 [M]. 北京：中国林业出版社，2000：297.
[3] 杨兴. 试论国际环境法的共同但有区别的责任原则 [J]. 时代法学，2003(1)：83-93.

待。具体来说，耕地保护共同但有区别责任原则主要包括以下内容：

1. 耕地保护是一种全民责任。耕地是农用地的精华，是世界日益稀缺的资源。耕地保护涉及全体国民的共同利益。我国现状耕地及其后备资源面积已接近资源安全的临界点，严格保护耕地刻不容缓。我国耕地保护虽然对于稳定目前农民的就业有利。但是，由于我国农业基础设施建设和农业现代化水平较低，农业受自然条件的影响较大，农业生产和农民生活条件比较艰苦。长期以来，农业产品价格和非农业产品价格的比价关系仍然不合理，保护耕地的主要受益者不是农民，而是全体国民。耕地保护需要全社会共同应对，共同承担责任。

2. 共同责任不等同于"平均主义"，也并不意味着耕地保护主体在耕地保护中应担负同等大小或同等程度的义务与责任。由于各地的工业化和城市化程度不同，其自然条件和社会经济发展也极不均衡，显然，政府不可能在全国范围内用统一的制度标准来衡量各地的耕地保护状况和考核各地的耕地保护行为。所以，在责任划分上，耕地保护责任必须是有区别的。耕地保护的区别责任是指在确定耕地保护任务时，应从历史与现实的角度出发，统筹兼顾、全面考虑自然环境条件、土地垦殖程度、土地生产力、后备资源禀赋、土地利用效率和经济社会发展水平等区域差异因素，合理确定耕地保护区域，明晰不同主体的责任边界。

3. 耕地保护共同但有区别责任是一个统一整体，不能孤立地理解。耕地保护的共同责任是该原则的基础，正是这种义务的共同性和命运的相关性才牵引着大家走到一起，共同担负起耕地保护的责任。而耕地保护的区别责任是该原则的核心，区别责任是对共同责任的限定，是贯彻该原则的关键，决定着共同但有区别责任原则能否真正得以落实，也是对不同耕地保护主体能力差别的承认。耕地保护共同责任的价值在于倡导和调动社会力量的参与，区别责任的主张使得耕地保护的政策措施在实践中更易接受和推行，更具有生命力和效率。共同责任和区别责任的有机统一，可以促进不同责任主体在耕地保护中团结合作，互通有无，最终形成耕地保护的合力。

二、耕地保护共同但有区别责任范畴的界定

（一）耕地保护的共同责任

耕地保护的共同责任要求在耕地保护过程中，全员参与，全员监督，全员共管。耕地保护主体必须采取切实措施保护和改善耕地资源，其共同责任主要包括：

1. 控制耕地减少趋势，保护和提高耕地质量。确保土地利用总体规划确定的耕地和基本农田总量不减少、质量有提高、布局基本稳定，确保按年度实现建设占用耕地占补平衡。经过土地登记的现状耕地和耕地后备资源，必须农地农用，不得转变用途，这也是获得政府农业补贴的重要依据。

2. 节约集约利用耕地。充分利用存量建设用地，从严从紧控制新增建设用地。抵制和制止撂荒、闲置、转变用途及其他破坏耕地的行为，提高耕地使用效率。加强耕地保护特别是高标准农田建设和基础工作投入，稳步提高耕地的综合生产能力和耕地的边际产出。

3. 保障不同责任主体对耕地保护的知情权、参与权和监督权。政府要向社会公众公布耕地保护绩效项目的内容、结果及执行情况，从而提高社会公众耕地保护的积极性和参与热情，最终形成公众举报，多部门协作，社会组织鉴定、政府查处的社会监管网络体系。

4. 维护耕地保护行为的公平性，协调不同主体之间的利益诉求。由于农业的经济比较效益差，而耕地提供的巨大社会效益和生态效益目前很难在经济上完全实现，是保障耕地保护的公平性是需要全社会共同面对的现实问题。

5. 推进耕地保护的区域合作。实现耕地总量动态平衡的目标，在一些发达地区存在客观限制，在经济欠发达地区不能够促进土地集约利用。这就需要在全国范围内考虑到不同地区耕地资源禀赋、人口流动、经济发展水平等差异因素，全国土地利用统筹考虑，合理安排。

6. 转变经济增长方式，摒弃粗放型的土地利用模式。土地是人类共有的，生存和发展的权利也是共同的，当代与后代的利益同等重要（吴次芳和叶艳妹，2001）[①]。人类应该放弃一切可能导致逐渐削弱下一代利益的土地利用模式，正确处理好土地的工具价值与生态价值的关系。

（二）耕地保护的有区别责任

1. 从耕地被占用的历史原因来看，经济发达地区应对耕地占用负主要责任。根据全国土地利用变更调查及国土资源年鉴公布的数据整理计算可知，1989~2007年，东部地区建设用地占用耕地年均值7909.69公顷，中部地区5459.40公顷，西部地区3402.94公顷，如表6-1所示。可见，东、中、西部地区建设占用耕地区域差异明显。同样地，李秀彬（1999）[②]利用国家、省、县三级行政单位的统计和普查数据，通过研究得出中国1978~1998年耕地减少的主要也是分布在东部地区质量较好的耕地。从耕地减少的历史原因而言，经济发达地区负有不可推卸的主要责任。

[①] 吴次芳，叶艳妹. 土地利用中的伦理学问题探讨 [J]. 浙江大学学报（人文社会科学版），2001（2）：13.

[②] 李秀彬. 中国近20年来耕地面积的变化及其政策启示 [J]. 自然资源学报，1999，14（4）：329-334.

表 6-1　　　1989~2007 年我国东、中、西部地区
　　　　　　建设用地占用耕地均值　　　　　　单位：公顷

地区	建设用地占用耕地均值	地区	建设用地占用耕地均值
东部	**7909.69**	江西	3419.16
北京	3651.21	河南	9865.02
天津	2454.75	湖北	6165.26
河北	9702.71	湖南	3899.40
辽宁	6248.70	**西部**	**3402.94**
上海	4934.40	内蒙古	3638.13
江苏	17769.70	广西	4315.25
浙江	13207.93	重庆	5626.99
福建	4656.99	四川	8977.75
山东	15387.35	贵州	3055.19
广东	8173.77	云南	4820.09
海南	819.11	西藏	482.81
中部	**5459.40**	陕西	4103.93
山西	4620.62	甘肃	1616.71
吉林	2019.45	青海	587.26
黑龙江	4884.09	宁夏	1091.39
安徽	8802.22	新疆	2519.82

　　注：在国家"七五"规划东、中、西地区的轮廓划分的基础上，2000 年国家制定的在西部大开发中享受优惠政策的范围又增加了内蒙古和广西。故在本书中，东、中、西地区划分为情况如下，东部地区包括北京、天津、河北、辽宁、上海、江苏、浙江、福建、山东、广东和海南这 11 个个省级行政区；中部地区包括山西、吉林、黑龙江、安徽、江西、河南、湖北、湖南这 8 个省级行政区；西部地区包括内蒙古、广西、四川、重庆、贵州、云南、西藏、陕西、甘肃、青海、宁夏、新疆这 12 个省级行政区。
　　资料来源：根据 1995~1999 年国家土地管理局《土地综合统计年报》、1998~2004 年国土资源部《国土资源综合统计年报》计算汇总而成；1998 年的数据是根据耕地占补比例推算而来；1996 年的数据来自《中国土地年鉴（1997）》中的建设占用耕地数量。

2. 从耕地保护主体来看，在我国现行耕地保护制度安排下，

耕地保护主体的责任具有层次性，中央政府是耕地保护的倡导者和引领者，是耕地保护政策的制定者和监督者。地方政府是耕地保护的行政责任主体，对本行政区域内耕地保有量、基本农田保护面积、耕地占补平衡负总责。地方政府主要负责人为第一责任人，分管负责人为直接责任人。享有耕地所有权的农村集体组织和依法取得耕地承包经营权的个体农户是耕地保护的直接责任人，同样负有耕地保护的直接责任。各级地方政府的主要行政官员是耕地保护任务落实的责任人，对于未完成耕地保护任务的区域，对其地方政府的主要行政官员按照渎职罪论处；对于谎报耕地保护任务落实情况的区域，对其地方政府的主要行政官员按照诈骗罪论处；对于保护耕地质量未能够达到耕地质量标准而以次充好的，对其地方政府的主要行政官员按照破坏耕地罪论处。耕地保护部门和社会组织负有参与耕地保护的监督管理责任。

3. 从承担耕地保护的能力差异来看，一些地区应该承担更大、更多的责任。这种土地利用布局更有利于工业向园区集中，农民居住向城镇集中，农业向规模经营集中的目标实现，从而促进生产要素的空间集聚，发挥土地区位优势，实现土地规模经营。

农业发达地区，粮食生产用地与经济作物和其他作物生产用地矛盾不大地区应承担更多的耕地保护责任。这些地区的农业比较优势明显。同时，这些地区承担更多的耕地保护责任也为农业地域专门化提供了土地储备的基础。农业地域专门化可以推动良种化和机械化等的普及，为农业现代化创造出了前提条件，并利用有利生态环境的自然潜力，可提高农产品的单位面积产量和产品质量。

后备土地资源禀赋优势强的地区应承担更多的责任。耕地保护的指标分配应考虑到不同区域的土地后备资源情况，不搞一刀切，对后备土地资源禀赋优势强的地区，适当倾斜，高效调配耕地非农化指标。

劳动力输出地区应该承担更多的耕地保护任务。劳动力输出地区减轻了输出地的粮食安全威胁，却加重了劳动力输入地的粮食供给负担，同时劳动力输入地为输出地解决了部分就业问题，提高了输出地的整体福利，促进了人口分布与经济分布的协调。

三、实施耕地保护共同但有区别责任原则的前提条件：耕地保护区域的合理划分及其建设管理

我国城市化发展的过程表明，城市化需要大量的农产品供给，城市化水平与农业商品率紧密相关。改革开放以前，我国城市规划非常重视区域农业发展，郊区土地利用规划是城市规划的重要组成部分，郊区农产品生产能力是确定城市合理规模的重要决定因素之一，建设用地扩展和耕地保护相互联系，协调发展。改革开放以后，我国经济快速发展，交通运输条件明显改善，市场经济活跃，城市农产品供给的来源范围扩大，郊区作为城市农产品供应基地的功能淡化，建设用地扩展和耕地保护相互分离，矛盾突出。

《国务院办公厅转发〈国土资源部关于做好土地利用总体规划修编前期工作的意见〉的通知》明确指出：要按照统筹安排各类、各区域用地的原则，围绕促进区域合理分工协作和协调发展的目标，与区域经济、产业和人口发展战略相适应，研究提出分类指导的规划调控指标及政策建议。

实施耕地保护共同但有别责任原则的前提是要求对国土开发和利用做出科学合理的空间安排。我国现状是耕地及其后备资源分布存在区域性差异，土地利用总体规划应该在土地适宜性评价的基础上，把土地肥力高、最适宜耕种，农业限制因素少的土地列入永久耕地保护范围，并划定基本农田保护区进行严格保护。通过土地利用总体规划，划定城市建设和发展空间和基本农田保护区，用经济区划思想取代耕地保有量指标行政分配的方法，在全国范围内合理确定耕地保护区域，划定耕地保护的主体区域，包括耕地保护的核心区，耕地保护重点区，耕地保护优化区和耕地保护一般区。耕地保护主体区主要承担保护耕地，发展农业生产的任务。在划分耕地保护主体区的基础上，耕地保护主体区的建设管理同等重要，需要

相应的政策措施作为保障，实行严格的土地用途管制。

财政政策：增加对耕地保护主体区政府的财政转移支付力度，以县级单位作为转移支付主体。在核算转移支付的具体数额时，要考虑到由于实施耕地保护而放弃的发展机会损失、人口转移引起的对公共服务需求变化、耕地资源所提供的生态财富、粮食的产量和商品率等因素。支持农业资金应有充足的财政来源，保证农民的经济发展权益，使得农民和非农业经营者的单位时间劳动报酬相接近。

投资管理政策：耕地保护主体区要积极转变经济增长模式，坚持保护优先，适度开发。通过财政投资引导社会投资结构的优化调整，投资的重点领域在于农业以及特色产业发展的基础设施建设，提高区域内粮食调运能力建设。

产业管理政策：耕地保护主体区要限制与主体功能定位不符的产业扩展，适宜建国家级粮仓，成为全国粮食的主要供应基地。因地制宜的发展特色农业，并以农产品加工业为纽带，促进工业与农业，城市与农村之间资源的互动与共享，从而推动县域经济发展和农业现代化进程。每个地区的现状耕地和耕地后备资源，必须经过土地登记，绘制地籍图，经过国家指定的部门（目前应该为国家土地监察局）确认，耕地面积必须做到图、数、实地相互一致。经过土地登记的现状耕地和耕地后备资源，必须农地农用，不得转变用途。经过土地登记的现状耕地和耕地后备资源面积，是获得政府农业补贴的重要依据。同时，参照爱国主义教育基地建设，试点搞好农业教育基地建设，基地主要宣扬农业知识，农耕文化和耕地保护政策和提供体验农业生产活动等项目，以提高公众对农业和耕地保护重要性的认识。

人口管理政策：引导人口转移，推动劳动力的自由流动，为耕地保护核心区和重点区的建设创造条件。从土地利用管理实际和土地利用利益分配区域公平的角度出发，国家可以根据土地调查、评价和规划确定的全国耕地保护任务（耕地保有量和基本农田保护面积),按照全国人均拥有耕地保有量和人均基本农田保护面积平均分配耕地保护任务,按照区域总人口核算每个区域必须承担的耕地保护任务。一个地区的耕地保护任务 = 全国人均耕地面积 × 常住人口(总人口)。2011 年全国耕地总规模为 18.2476 亿亩,全国总人口 134735 万人,则全国人均拥有耕地面积 0.74 亩。如果耕地保护任务分配遵循人人平等的原则,从表 6-2 可以看出,大部分经济发达地区按人均 0.74 亩分配耕地任务数与实际保护耕地面积两者的差额较大,而大部分经济欠发达地区差额却较小,地区之间的差异较为明显。每个地区必须承担的耕地保护任务应该随着人口的迁移(居住人口)的变化而进行年度调整,这种做法对维护区际公平和促进区际效率提升都有积极的意义。

表 6-2　　全国各省市 2011 年按全国人均 0.74 亩分配耕地任务数与实际耕地比较

地区	2011 年总人口(万人)	耕地面积(万公顷)	2011 年人均耕地面积(亩/人)	按人均 0.74 亩平均分配耕地任务数(万公顷)	分配耕地任务数与实际耕地面积差额(万公顷)
北京	2019	23.17	0.17	99.58	-76.41
天津	1355	44.11	0.49	66.85	-22.74
河北	7241	631.73	1.31	357.20	274.53
山西	3593	405.58	1.69	177.25	228.33
内蒙古	2482	714.72	4.32	122.43	592.29
辽宁	4383	408.53	1.40	216.23	192.30
吉林	2749	553.46	3.02	135.64	417.82
黑龙江	3834	1183.01	4.63	189.14	993.87
上海	2347	24.4	0.16	115.81	-91.41
江苏	7899	476.38	0.90	389.67	86.71
浙江	5463	192.09	0.53	269.51	-77.42

续表

地区	2011年总人口（万人）	耕地面积（万公顷）	2011年人均耕地面积（亩/人）	按人均0.74亩平均分配耕地任务数（万公顷）	分配耕地任务数与实际耕地面积差额（万公顷）
安徽	5968	573.02	1.44	294.42	278.60
福建	3720	133.01	0.54	183.52	-50.51
江西	4488	282.71	0.94	221.43	61.28
山东	9637	751.53	1.17	475.43	276.10
河南	9388	792.64	1.27	463.14	329.50
湖北	5758	466.41	1.22	284.04	182.37
湖南	6596	378.94	0.86	325.38	53.56
广东	10505	283.07	0.40	518.24	-235.17
广西	4645	421.75	1.36	229.15	192.60
海南	877	72.75	1.24	43.28	29.47
重庆	2919	223.59	1.15	144.00	79.59
四川	8050	594.74	1.11	397.13	197.61
贵州	3469	448.53	1.94	171.12	277.41
云南	4631	607.21	1.97	228.45	378.76
西藏	303	36.16	1.79	14.96	21.20
陕西	3743	405.03	1.62	184.63	220.40
甘肃	2564	465.88	2.73	126.50	339.38
青海	568	54.27	1.43	28.03	26.24
宁夏	639	110.71	2.60	31.55	79.16
新疆	2209	412.46	2.80	108.96	303.50

同时，国家应该吸取日本和我国台湾地区土地改革的成功经验，对于农民工进城前的农村财产和集体土地使用权益以债券形式进行赎买，并专门指定用于进城落户安置（如购买或租赁住房、

创业投资和支付教育费用），对于农民应该负担的城市化社会成本应该尽量减免。浙江省基本农田划区定界工作，其土地整理折抵指标和待置换用地的使用规定，是实践中得到检验的成功经验，值得推广。过去有人担心土地整理折抵指标转为建设用地会导致建设用地规模失控，如果按照上述建议落实各地耕地保护任务，全国的耕地保有量和基本农田质量和数量均有保障，即使建设用地规模失控，也不会对于耕地保护起到破坏作用。控制我国建设用地规模，主要是要按照规划实行土地用途管制，提高建设用地集约和节约利用水平。

鼓励人口自由迁移，增强人口聚集效应。人口流动不应实行差别待遇原则，而应实行国民待遇原则，让进城农民真正实现市民化。应当逐步弱化人口迁徙的制度壁垒，允许那些具有合法职业、稳定收入、固定住所的外地劳动力进城落户。要把农民真正当成国家公民，保证他们能够和市民一样平等地享受最低生活保障的福利，做到劳有所得、住有所居、学有所教、病有所医、老有所养。国家要看到城市化发展有利于节约土地，进城农民不是城市的负担，而是城市的建设者，是城市公共财政收入的创造者。我国有的城市认为应当对低素质的农业劳动力的就业和迁徙进行限制，这意味着要进一步剥夺这些低素质劳动力的发展机遇，既违背了起码的社会公平，也无助于社会稳定与发展。针对有些城市财政收入有限，无法负担农民进城的福利与管理支出，这也需要国家改革财政收支管理，把原来按照地区核算的公共财政支出，改为按照人口计算的公共财政支出，把社会福利落实到人，把政府管理费用落实到人，费随人走，那么无论人口怎么迁移，就根本不可能增加政府财政额外负担。

政绩考核政策：耕地保护主体区肩负着保障国家粮食安全的重任，耕地保护主体区应以耕地保有量、粮食生产能力、农地整理及中低产田改造绩效作为主要政绩考核指标，改变单纯以 GDP 为指标的干部考核体系，从而稳定粮食大县发展粮食生产的积极性。

四、实施耕地保护共同但有区别责任原则的保障条件：以耕地保护为契机，建立区域协作与联动机制

在实践中，所有人的责任往往会变成没有人承担责任，集体负责将不能很好地得到贯彻落实。人类虽然可以作为责任的语法主语，但不是责任的实践主体。区别责任不是推脱责任的借口，这里包含了对公平与协作的要求。从我国耕地保护外部环境的区域非均衡性来看，耕地资源不足、无法完成耕地保护任务的地区，大多属于土地区位优越，开发历史悠久，工业基础雄厚，城市化水平高，人口密集的经济发达地区。耕地资源丰富、超额完成耕地保护任务的地区，大多属于土地区位相对偏僻，工业化历史短，城市化水平低，人口相对稀少，经济比较落后的地区。发达地区，投资环境好，招商引资吸引力大，资金充足，容易进行土地非农开发，需要很多建设用地规划指标。而欠发达地区，由于区位条件差，招商引资缺乏吸引力，土地非农开发缺少资金，投资效果也相对较差，建设用地规划指标也很难用尽。耕地保护不仅是保护耕地资源，保障国家粮食安全，也是发达地区和欠发达地区建立资源互补、经济发展密切联系的桥梁。耕地开发权交易尽管在耕地的配置上其结果可能不是帕累托最优，但从制度供给层次来看，为耕地保护提供了一个经济激励的政策工具来矫正耕地保护相关者收益分配不公和协调区域发展。

（一）耕地开发权交易制度内涵

耕地开发权交易可以理解为是一种买卖许可交易，在政府确定耕地保有总量的前提下，建立合法的耕地开发许可，并允许这种许可像商品一样买入和卖出，利用市场机制来进行耕地总量的控制。制度安排的整体思路如下：首先，政府以耕地保有总量为控制前提，根据某一地区的经济社会环境目标并达到该目标的所应有的最大耕地保有量，测算出耕地最大允许开发量，并将最大允许开发量

分割成若干规定的小额开发量,即若干小额开发权。政府可以用不同的方式分配这些权利,如公开竞价拍卖、招标、无偿给予等。耕地总量控制和开发权初始分配从制度设计上可以保证耕地得到最大程度的保护,但这种实现可能是没有效率的,所以还必须通过耕地开发权交易这种方式,充分利用市场机制,把耕地开发权作为一种商品进行买卖,促进耕地开发指标在不同地区和地区内得到合理有效的再分配。不同地区或地区间节约的耕地开发指标,将成为一种可以用于交易的有价资源,即可在市场上进行交易,也可储存起来以备自身将来发展之需。而那些由于建设而开发了大量耕地而导致超标开发的地区,将不得不按照市场价格,从市场上买入所需的耕地开发指标,出让耕地开发指标的地方,将通过交易得到一定程度的补偿。因此,耕地开发权交易这一制度在控制耕地保有总量和对耕地保护主体的补偿所起的重要作用是显而易见的。

(二) 耕地开发权交易机理的经济学分析

耕地开发权交易产生的前提是耕地开发成本存在差异和政府采用"总量控制"来保护耕地。我们用图6-1来解释耕地开发许可交易是如何产生的。

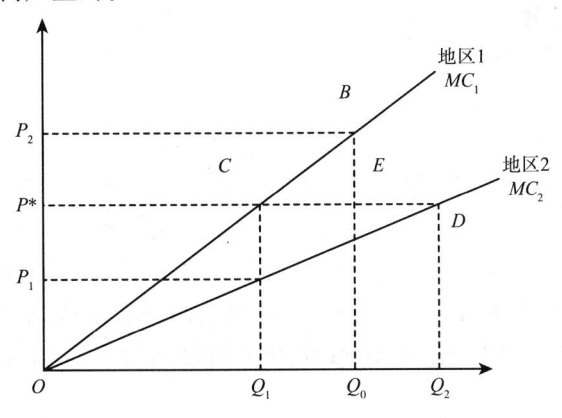

图6-1 耕地开发权产生的机理

如图 6-1 所示，纵轴代表单位耕地开发成本，横轴代表耕地开发量。现有两区域 1 和区域 2，图中 MC_1 和 MC_2 分别表示区域 1 和区域 2 的耕地开发边际成本。如果执行耕地总量控制（假设为 18 亿亩），两区域各允许占有 Q_0 的耕地，则开发总量为 $2Q_0$。MC_1 大于 MC_2，即在耕地开发量为 Q_0 时，每开发一个单位的耕地，区域 1 的费用要大于区域 2 的费用，所以在自身利益的驱动下，区域 1 会向区域 2 支付 Q_0Q_1CE 的费用以换取区域 2 额外转让总量为 $Q_0 - Q_1$ 的耕地开发量。与此同时，区域 2 则会考虑在 Q_0 的基础上再承担 $Q_2 - Q_0$ 的耕地保有量，以换取区域 1 支付总量为 Q_2DEQ_0 的费用。当 $Q_2 - Q_0 = Q_0 - Q_1$ 时，即 $Q_0Q_1CE = Q_2DEQ_0$，双方利益达到平衡。此时，区域 1 的支付意愿等于区域 2 的收入预期，双方耕地开发总量仍为 $2Q_0$，满足政府制定的"目标总量控制"要求。于是在市场力量的作用下，区域 1 和区域 2 之间交易就产生了。在"目标总量控制"的前提下，耕地开发权在市场机制的作用下完成了交易，耕地开发指标在区间得到了重新配置，区域 2 也在耕地保护中通过市场交易使私人收益趋于社会收益。

（三）耕地开发权交易制度的实质

1. 耕地开发权是耕地的所有权中派生而出的一种他物权。拥有了耕地开发权就等于拥有了一定的受益权。耕地资源是有限的，当然这种权利的总量自然也是有限的。

2. 耕地开发权交易是不同区域内耕地开发指标在政府规制下的区域配置。区域发展的不平衡性，会造成区域间耕地利用水平的不同，对开发耕地的机会成本也呈现出区域差异性。当耕地开发权以某种方式初始分配给各个区域之后，如果超过了开发指标，就只能从耕地开发权交易市场上购买必要的开发权。耕地开发权交易在市场机制的调控下，在区域和跨区域之间进行耕地资源的重新配置。

3. 耕地开发权交易制度是耕地开发许可的市场化形式。交易使耕地资源的非农化商品化。耕地开发权交易制度提供了一个基于市场机制的制度来分配、管理土地和保护耕地。它是一种市场化手段，相比较来说，集团利益和政治需要而迫使土地用途发生转变的干扰性小。

（四）实现耕地开发权交易制度的方式

对于超额完成耕地保护任务的地区，可以获得剩余耕地的土地非农开发权、可以通过适当的方法将其折算为建设用地指标，这种建设用地指标可以通过土地开发权交易进行转让，也可以通过区域协商跨区使用，实行建设用地指标和耕地保护任务指标的空间置换，实行易地非农开发。因耕地资源不足、无法完成耕地保护任务的地区可以委托耕地资源丰富、超额完成耕地保护任务的地区代为落实耕地保护任务。委托易地代保耕地的地区必须向被委托的地区支付耕地保护费。单位面积耕地保护费由单位劳动的农业平均报酬和非农业平均报酬决定，也可以通过土地开发权市场交易，由委托和被委托易地代保耕地的地区双方共同确定。被委托易地代保耕地的地区必须保证耕地质量达到国家的耕地质量标准。委托易地代保耕地的地区是上级政府耕地保护任务落实的考核对象，对被委托易地代保耕地的数量和质量进行监督。这样，经济发达地区的土地利用规划，就能够摆脱耕地保护的限制，保障建设用地供给，实现土地资源的最佳利用。经济欠发达地区，耕地保护和耕地开发可以成为其经济发展新的增长点，它可以从发达地区引进资金，输出劳动力，逐步脱贫致富。

城市化地区，人多地少，农产品从外地输入较多，在做好本地耕地保护和耕地后备资源开发的同时，通过易地代保完成自己应尽的耕地保护任务，符合"谁收益，谁付费"的市场经济原则。现状耕地及其后备资源分布较多的区域，其土地非农开发权受到限制，也应该通过受委托的易地代保耕地指标有偿转让在经济上得到补偿，符合"谁投资，谁收益"的市场经济原则。在耕地保护任务指标有偿转让有价无市的情况下，国家鼓励因资源限制而无法完成本区域必须承担的耕地保护任务的区域和现状耕地及其后备资源分布较多的区域之间通过以建设用地和耕地等价置换的方式来完成本区域的耕地保护任务。

通过建立耕地保护任务指标有偿转让制度，形成城市化地区和耕地保护主体区协调发展的经济补偿机制和区域利益互补机制。各地要把完成耕地保护任务情况和建设用地的供给指标相联系，对于超额完成耕地保护任务的，上级政府部门将给予适当的物质和精神奖励。

第二节　耕地保护利益冲突控制的技术支持：耕地保护责任审计

耕地保护利益冲突的管理涉及多元化的利益主体、多样化的利益诉求和多途径的利益实现方式，是一项庞大而又复杂的系统网络工程。审计作为综合性的监督部门，应该发挥作用。开展耕地保护责任的审计，是降低耕地保护代理成本，明晰耕地保护各相关主体的责任范围，减少耕地保护机会成本的重要监督机制。另外，为促进耕地保护利益冲突管理机制的良好运行，政策保障也发挥着不可或缺的作用。

根据我国土地管理法的规定，省级人民政府是耕地保护的具体组织者和实施者，耕地保护任务的分解和考核也是在省级行政区的基础上进行逐级分解和落实。在耕地保护所有的利益主体中，政府是耕地保护的首要最直接的责任人。为更好地激励地方政府保护耕地的意愿，提高地方政府耕地保护的管理能力。有的学者基于委托—代理理论分析了中国耕地保护体制障碍，认为中国耕地保护的体制障碍主要有：代理人的激励机制不足；监督成本过高；代理人其他工作对耕地保护工作有负面影响（郭贯成和吴群,2008)①。委托—代理是受托责任产生的制度基础。政府是违法占用耕地的主角。国家土地督察的建立,弥补了中央与和省级政府之间缺失的一环。但倘若督察机构与政府合谋,将会增加巨大的社会和监督成本。基于地方政府的公共受托责任,从审计学角度探讨强化地方政府耕地保护的责任及其外部监督作用机制,为丰富和完善我国耕地保护利益冲突管理的监督保障提供新的视角,也是改变我国严峻的耕地保护形势的需要。

一、耕地保护责任审计的内涵界定

借鉴审计学的有关理论的含义,本书把地方政府耕地保护责任的审计理解为:上级政府或社会审计人员按照授权通过收集、分析、评价审计证据,对地方政府控制耕地数量和保障耕地质量的能力水平,耕地保护资金的使用情况、土地利用收益的公平分配情况、耕地保护行为的守法情况、节约集约利用耕地资源和保障粮食安全的区域协调能力进行审计,找出薄弱环节,提出改进建议,将审计结果公布或提交相关部门,并对建议的执行情况进行审核、控制的一种技术工具。地方政府耕地保护责任审计目的在于促进地方政府在履行耕地保护责任时其行为更具有经济性、效率性和效果性。

二、地方政府耕地保护责任审计的理论支撑:受托责任

受托责任是一个复杂和多面性的概念(刘秋明,2006)②。Pat-

---

① 郭贯成,吴群. 基于委托—代理理论析中国耕地保护体制障碍 [J]. 中国土地科学, 2008, 22 (4): 50-51.
② 刘秋明. 基于公共受托责任理论的政府绩效审计研究 [D]. 厦门: 厦门大学论文, 2006: 30-40.

ton (1992)① 和 Kluvers (2003)② 认为，在多数情况下，受托责任是指一方（个人、团体、公司、政府和组织等）就行为、程序、产出和结果等，直接或间接地向另一方负有的责任，其关键是一方应向另一方提供有关资源使用的记录。Gray 和 Jenkins (1993)③ 认为，受托责任的本质是一种提供记录和就履行职责情况进行说明的义务，因此这义务所产生的赞扬和责备、奖励和惩罚等行为，可视作是对受托责任的验证。而 Romzek 和 Dubnick (1987)④ 认为，受托责任的含义已经远远超出了给予答复和接受监督的范围，在更广泛的意义上，公共受托责任应包括"公共部门及其工作人员，对组织内、外部各种期望进行管理所使用的方法"。Romzek 和 Dubnick 更强调的是一种期望战略管理方法。

耕地保护行为具有外部正效应会影响私人部门耕地保护的供给意愿。为保护耕地，需要政府进行干预，以期最大限度地弥补市场失灵和发挥耕地资源的非经济性功能。地方政府保护耕地的责任并非天然的，而是根据法律法规所形成的一种受托责任。面对数量巨大的、分布地域广阔的耕地，中央政府不可能直接实行对耕地的管理和监督工作，只有将其委托给地方政府来进行（郭贯成和吴群，2008）⑤。由于信息不对称问题的存在，这种"受托责任"将在很大程度上受到受托责任人的认知水平、意识、期望以及各方参与者博弈情况的影响，即受托人可以在不被委托人（上级政府或公众）

---

① James M. Patton. Accountability and governmental financial reporting [J]. Financial Accountability & Management, 1992 (3): 165–180.

② Ron Kluvers. Accountability for performance in local government [J]. Australian Journal of Public Administration, 2003 (3): 57–69.

③ Andrew Gray, Bill Jenkins. Codes of accountability in the new public sector [J]. Accounting, Auditing & Accoun-tability Journal, 1993, (3): 52–67.

④ Barbara S. Romzek, Melvin J. Dubnick. Accountability in the public sector: Lessons from the challenger tragedy [J]. Public Administration Review, 1987 (5/6): 228.

⑤ 郭贯成，吴群. 基于委托—代理理论析中国耕地保护体制障碍 [J]. 中国土地科学，2008，22 (4): 50–54.

察觉的情况下为追求自身效用最大化而缩减自己工作努力的程度或隐瞒信息。

透过对受托责任的含义和地方政府在耕地保护中扮演的受托人角色分析，可以得出，对地方政府耕地保护责任进行审计是源于地方政府的受托责任：首先，受托耕地保护的财务责任，地方政府要保障耕地保护经费的使用真实、合理合法和耕地保护行政成本最小化；其次，受托耕地保护的报告责任，即耕地保护效果的说明。地方政府要向委托人报告耕地资源的变更、变动等状况信息；最后，受托耕地资源保护的管理责任，即地方政府要以最大的忠诚、最有效的方法管理耕地资源。同时，随着耕地保护的责任托付给受托方，因双方目标函数并不完全一致，委托方对受托方的行为和行为结果将有权进行监管，而绩效审计是一种有效的监管工具。因此，受托保护耕地的责任是地方政府耕地保护责任审计产生的根本原因，信息不对称则是直接动力。

三、地方政府耕地保护责任审计的技术支撑：基于受托责任的审计项目内容构建

如果将地方政府的耕地保护受托责任划分为报告责任、财务责任和管理责任，审计将在这三种受托责任中发挥作用，具体关系如图 6-2 所示。在地方政府履行其耕地保护的报告受托责任时，受托方以报告形式提供耕地保护的绩效信息，委托方对上述信息进行再评价和再验证。在地方政府履行其耕地保护的管理受托责任时，审计充当提高效率的技术工具，为地方政府完成受托责任提供监控和优化作用。在地方政府履行其耕地保护的财务受托责任时，监督和审查耕地保护专项资金的是否高效使用和进行耕地保护的益本分析。最后，地方政府对受托责任的履行过程和结果进行描述和反映，报告委托人，委托人据此进行决策和信息反馈，依此循环递进，最终达到改善地方政府耕地保护绩效的目的，协调好各利益主体的利益诉求。

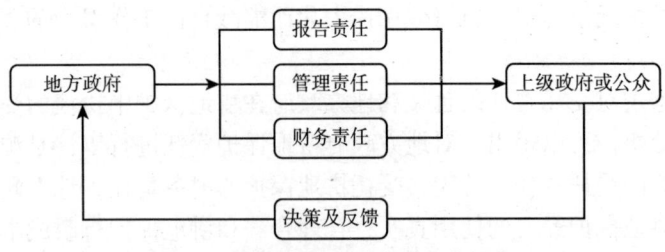

图 6-2　审计与地方政府受托责任关系

明确耕地保护责任的审计项目内容是责任审计由理论到实践的关键，而地方政府耕地保护责任审计主要是对地方政府受托保护耕地责任的审计。因此，根据审计与地方政府受托责任的关系，在选取审计项目内容时，遵照典型性、系统性、定量与定性相结合等原则，综合考虑审计标准的"经济性、效果性和效率性"以及耕地保护责任的内涵，构建了地方政府耕地保护责任审计的具体项目（见表6-3）。

表 6-3　地方政府耕地保护责任审计的具体项目

受托责任	受托责任目标	具体指标
地方政府耕地保护的报告责任	完成工作任务	耕地保有量和基本农田保护面积完成率；非农建设占用耕地指标突破率；耕地占补平衡完成率；土地利用总体规划和年度计划执行情况
	粮食安全的保障能力	粮食自给率；粮食主产区财政转移支付的数额
	耕地节约集约利用水平	单位耕地经济产值；土地垦殖率
地方政府耕地保护的财务责任	高效利用耕地保护资金	新增建设用地土地有偿使用费到位率/使用率；基本农田建设示范区专项经费到位率/使用率；耕地占用税使用率；耕地开垦项目工程完工率、优良率和合格率
	行政成本最小化	耕地保护行政人员占国土资源行政部门总人员比重；耕地保护行政管理费占土地管理总费用比例
	土地利用收益的区域公平分配	耕地保护统筹基金的收支明细；财政支农支出及资金使用情况

续表

受托责任	受托责任目标	具体指标
地方政府耕地保护的管理责任	合理化的制度供给	违法占用耕地信息披露情况；补充耕地数量质量按等级折算情况；补充耕地储备情况；基本农田保护示范区建设方案的编制、组织建设和登记造册情况；耕地保护责任目标考核情况；耕地数量质量的动态监测水平；不同规划之间的衔接情况；新增建设用地土地有偿使用费和基本农田建设示范区专项经费专款专用情况
	遵守法律法规	违法占用耕地和基本农田案件查处率和制止率
	提高专业技能水平	应用航空遥感资料、气象卫星资料、GIS/GPS 等信息系统水平；土地勘测规划所中土地利用规划技术人员、土肥所土地质量评价技术人员和土地信息中心土地利用规划监测人员总数占这三部门职工总人数的比重

四、地方政府耕地保护责任审计运作模式的选择

耕地保护责任审计需要国家审计机关、内部审计机构和社会审计组织全方位、分层次地审查和评价被审地方政府的耕地保护报告责任、财务责任和管理责任，从而增强审计组织体系在保障耕地保护利益主体的利益，耕地保护绩效改善的整体功能。各审计主体实施耕地保护责任审计时，应根据审计的目的和内容选择不同的审计模式。

（一）以财务为导向的审计模式

以财务为导向的审计模式是以被审单位的耕地保护财务报告所反映的结果为线索，追踪耕地保护过程资金使用所产生的问题和导致结果，进而对耕地保护的资金是否高效利用、耕地保护的行政成本是否最小化、新增建设用地土地有偿使用费、基本农田建设示范区经费是否专款专用等内容而进行评价的一种模式。财务导向的环境审计方式可以采用以下方式：独立审计，即由审计组织现有专职

人员实施耕地保护的财务进行审计；专题审计，即审计组织针对某一项耕地保护的资金使用情况进行审计；审计调查，即审计组织对耕地保护资金使用过程中出现的一些重大问题和典型问题进行审计调查活动。

（二）以问题为导向的审计模式

以问题为导向的责任审计模式是以被审单位暴露的突出问题为线索，进行追踪分析，找出问题的成因，指出被审单位在耕地保护和管理方面的薄弱环节，进而提出有针对性整改措施的一种审计模式。此种模式运用于耕地保护责任审计中，审计的问题主要包括：违法占用耕地情况；补充耕地储备情况；基本农田保护示范区建设方案的编制、组织建设和登记造册情况；耕地保护责任目标考核情况；不同规划之间的衔接情况等。在审计过程中，要求审计人员从外部问题追到内部问题，并按问题轻重缓急排序分析，通过外因找到内因，透过偶然因素找到必然因素，找出问题的主要方面，对重要障碍因子进行严格的控制管理，并通过体系审核、管理评审实现持续改进，将经验和教训制订成标准、形成制度。

（三）以项目为导向的审计模式

以项目为导向的审计模式是以被审单位涉及土地开发整整复垦项目、造田造地项目、基本农田划区定界、新增建设项目占用耕地是否与规划相符等为线索，对项目实施过程和结果进行检查分析，判断项目活动进行是否正常、是否收到预期效果，进而找出导致与项目目标发生偏离的薄弱环节，追查形成问题的原因，提出管理的改进措施。

五、实施地方政府耕地保护责任审计的条件分析

（一）法律保障

只有以法律、法规的形式把地方政府耕地保护责任审计确定下

来才具有权威性。制定出有关耕地保护责任审计的准则、审计的质量控制办法、绩效审计结果公告办法等规范，以确保地方政府耕地保护的责任审计有必要的法律保障。

（二）制定耕地保护责任审计准则和标准

审计质量的高低很大程度上取决于是否有一套健全、有效、切实可行的准则支撑和是否建立起了一系列的耕地保护责任标准，使审计的实际操作有据可依。制定准则要至少明确以下内容：耕地保护责任审计的对象、确定审计的范围，规定社会责任审计的监督与实施者，设计科学合理的耕地保护责任审计方法，审计组织与耕地保护各利益相关方之间的沟通以及内部管理的完善与否，拟订耕地保护责任审计报告的主要形式。

（三）地方政府受托责任意识水平

地主政府受托耕地保护的责任意识强弱直接影响其决策行为，地方政府的受托责任意识越强，耕地保护的绩效水平也越高。强化意识水平，一种有效办法是双方经过协商订立契约，以契约的形式规范地方政府的受托责任意识。

（四）组建耕地保护责任审计特派办

在政府责任审计工作的具体实施过程中，以项目小组为单位，发扬团队精神完成审计工作。对于耕地保护的责任审计，可组建耕地保护责任审计特派办，以耕地保护责任审计项目小组的形式独立工作，直接对委托人负责。

（五）审计报告公布制度和责任"埋单制"

责任审计特派办要向社会公众公布审计结果，将耕地保护责任审计报告刊登在重大报刊、电视等信息媒体上，同时，还可以举行专题新闻发布会、印发一些宣传资料，将审计项目的内容、结果以及审计建议的执行情况详细的介绍,从而提高社会公众耕地保护的积极性和参与热情。审计过后要落实"埋单制",即责任追究制,对审计报告查出的问题要依法追查有关责任人的责任。

(六)耕地保护责任的后续审计制度

审计工作完成后,还须检查耕地保护责任审计报告的落实情况,并把情况进行反馈,提出整改意见。

(七)建立一支合格的耕地保护责任审计队伍

耕地保护责任审计既涉及财务审计又涉及绩效审计、合规性审计,具有较强的专业性、技术性、综合性,这对审计人员提出了较高的要求。要求审计人员必须懂得财务审计,经济效益审计,绩效审计的方法和责任审计有关的法律、法规,还必须懂得我国耕地保护事业的现实情况。

第三节 本章小结

本章提出了耕地保护利益冲突控制的总原则:共同但有区别的责任原则。耕地保护是全民共同的责任,但由于我国耕地保护外部环境的非均衡性和耕地保护机会成本损失差异等因素决定了耕地保护的责任又必须是有区别的。在外部监督上,探讨了耕地保护责任的审计监督机制,以期为降低耕地保护代理成本,明晰耕地保护各相关主体的责任范围,减少耕地保护机会成本而发挥重要的保障支持作用。地方政府保护耕地实质上是履行其受托责任,耕地保护受托责任分为报告责任、财务责任和管理责任,审计将在这三种受托责任中发挥作用。同时,基于公共受托责任构建了地方政府耕地保护责任审计的项目内容,分析了耕地保护责任审计模式选择及其实施条件。

第七章　促进耕地保护利益冲突 DMAIC 管理模式运行的政策建议

第一节　政策建议

一、注重耕地保护的"压力—状态—响应"系统的协调性，合理利用土地

耕地保护"压力—状态—响应"系统中的作用—反馈—作用关系，是一个以时间为方向轴的循环链关系。地方政府在贯彻执行耕地保护政策中，必须重视耕地保护的压力、状态、响应各子系统变化速率的均衡性，形成耕地保护的"合力"。同时，区域耕地保护任务一旦分配后，应该强化对耕地保护政策执行力的考核，加大监督，甚至可引入审计力量对地方政府的耕地保护政策执行力进行审计，增加肆意侵占耕地的惩罚成本，确实提高耕地保护政策的执行力。

从资源合理利用考虑，土地利用要考虑土地利用的适宜性和限制性，不同的地区，地理位置不同，土地开发的历史和社会经济发展水平不一样，不宜采用统一的土地利用和管理模式。我国土地合理利用，应该立足于中国土地资源特点和土地利用状况，借鉴发达国家的先进经验，正确把握土地利用动态的发展方向，以供给引导需求，限制技术落后的资源消耗型和环境污染型企业和部门用地，吸引人口、资金、技术向区位优势明显的区域集聚，充分发挥土地的自然生产力，推动区域产业经济结构升级和生产布局优化，使人口、资源、环境和发展相互协调，获得良好的社会、经济和生态综合效益。

二、切实重视耕地社会保障价值和生态价值

耕地生态价值和社会价值被长期忽视是我国耕地保护利益冲突管理的重要障碍因素。经本书的研究可知，耕地最低生活保障价值占总价值的比重大部分省份在 70%~80% 区间内，说明在我国现阶段，耕地仍然是大多数农民赖以生存的主要资源，在农村社会保障体系不健全的情况下，耕地的社会保障功能显得尤其重要。耕地的生态服务功能价值占总价值比重全国平均为 49.96%，生态较为脆弱的西部地区所占比重较高，贵州、云南、西藏、陕西、甘肃、青海、宁夏和新疆的比重均高于全国，说明西部保护耕地，对当地的生态环境维护和改善具有极其重要的意义。

耕地保护不仅要发挥其农产品的生产潜力，也要注意开发耕地其他方面的非经济功能。在目前人们的自然环境生态意识普遍得到提高的情况下，生态旅游就有可能使农业具有了观光休闲的功能。根据消费者需求，把耕地保护作为一种价值工程开发，拥有无限的商机。

三、设立全国性的耕地保护基金作为耕地保护的经济补偿

世界经济发展的实践表明，在工业化和城市化发展的初期，农业是其资本积累的源泉。随着经济的发展，工业经济和城市人口占主导地位，国家应该转变经济增长方式，把支持农业，让工业和城市经济反哺农业，在财政上应当给予农业提供必要的补贴。要保护耕地，稳定农业，繁荣农村，首先要保证农民的经济发展权益，必须使得农民和非农业经营者的单位时间劳动报酬相接近。按照区域经济和市场规则建立耕地保护的区域补偿机制，对耕地保护区的给予一定的经济利益补偿，以矫正多保护耕地的外部经济损失，从而

实现国民经济增长福利的区域公平分配。

耕地保护区域经济补偿标准确定后，还需进一步明确补偿资金的运作方式。耕地保护基金应由政府设立，以保护耕地为主要目的，主要按新增建设用地土地有偿使用费和土地出让收入中的一定比例，再加上当地财政补贴等渠道筹集资金。通过建立耕地保护外部效应的补偿机制，可以提高耕地保护各主体参与保护耕地的积极性和主动性，切实落实耕地特别是基本农田保护目标。可以统筹城乡土地收益分配，通过财政转移支付，加快建立农民养老保险体系，切实增加农民收入。

耕地保护补偿标准的实施可由国家发改委、国土资源部、财政部、国家粮食局和中国农业发展银行牵头联合各省级政府共同组建全国耕地保护补偿基金委员会，全面负责耕地保护补偿资金的收缴，统一调配和确定补偿标准，并对基金的运行实行监督管理。耕地补偿基金委员会将补偿资金直接拨付给需要补偿的地区，专项用于购粮支出、农户养老保险补贴、粮农补贴和耕地基础设施建设和完善、改造中低产田和粮食储备性补偿等支出。

四、建立耕地保护责任和建设用地供应计划的适当分离制度

我国土地利用总体规划对于耕地保护任务的落实和对于建设用地计划指标的安排，应当按照科学发展的理念，兼顾效率、公平和区域差异，从中国目前耕地资源分布、城市化发展、人口迁移、投资热点分布和经济重心地域迁移的规律出发，建立耕地保护责任和建设用地供应计划适当分离的制度，即按照建设用地占用面积来落实耕地保护责任，新增建设占用耕地者，有责任负担开发补充同等数量和质量的耕地面积的费用，并落实补充耕地的来源。建设用地的供应按照经济发展的需要，进行科学预测，并按照项目实际投资情况，保障供给。耕地占补平衡需要进行易地保护的，建设用地供给区域应当给耕地开发补充区域提供适当的经济补助。为了促进我

国区域协调发展，因地制宜，发挥区域优势，需要在耕地保护区和建设用地扩展区之间高效调配耕地非农化和耕地保护任务指标，而这种调配还必须与区域耕地质量的差异相挂钩。我国土地利用不可能不顾客观存在资源、环境和经济发展基础的地域差异，在建设用地供给和耕地保护任务分配上搞平均主义，而是应该积极引入市场机制，引导人口迁移和再分布来适应城市化过程中生产布局的空间变化，以每个公民的发展机会平等和收入差距适当来建立区际公平，建立区域经济补偿体系促进区域生产地域分工。应该在充分肯定我国沿海发达地区土地政策创新的基础上，进一步克服统筹区域土地利用存在的矛盾和问题，不破不立，破旧立新。通过土地政策调整和改革，对我国土地资源合理配置起到正确的导向作用，对土地利益公平分配能够起到积极的保护作用，对土地不合理利用行为能够起到威慑和制止作用。

五、耕地占补平衡政策的实施要权衡各区域经济、社会、自然资源差异

遵循不同区域耕地保护机会成本和各自比较优势，将更有利于区域间利益的增进和区域开放与区域市场的发育，更有利于形成合理的地域分工和协作。具体而言，在一些经济发达的建设用地宜扩展区，耕地总量和占补平衡应该允许其有弹性或大区域内实现平衡。粮食缺口可以通过关税配额或全国统一的粮食市场解决（陈百明，2003）[①]。充分吸纳人口和产业集聚，适度增加城镇土地供给。用土地供给引导产业结构优化升级和产业的空间布局的优化调整。在全国着力培育长三角、珠三角和京津塘等经济都市圈，实现都市圈内资源、基础设施共享与土地资源的统筹集约利用，减少重复建设对耕地资源的占用。中部地区和黑龙江、吉林按照现在的发

---

① 陈百明. 试论土地资源管理政策的调整 [J]. 自然资源学报，2003，18（5）：614–615.

展水平，其农业的比较优势仍然是劳动相对密集的产品，适宜建设国家粮仓——国家级耕地保护区，承担更多的耕地保护责任。西部地区应追求实现耕地占补平衡，但耕地保护应当注意水土资源平衡。为减少耕地占补平衡对生态环境的损害，西部地区宜逐步引导经济向资源环境承载能力较强的区域聚集，引导人口向建设用地宜扩展区集中，节约集约利用土地。通过区域合作，实现中国耕地总量动态平衡和耕地占补平衡，更加公平和合理，也更加具有可行性。

第二节　本章小结

促进耕地保护利益冲突 DMAIC 管理模式运行，在政策层面上也相应地提出五条建议：第一，正确处理好耕地保护的"压力—状态—响应"系统的协调性，合理利用土地；第二，切实重视耕地社会保障价值和生态价值；第三，设立全国性的耕地保护基金作为耕地保护的经济补偿；第四，建立耕地保护责任和建设用地供应计划适当分离的制度；第五，耕地占补平衡政策的实施要权衡各区域经济、社会、自然资源差异。

第八章 研究总结与展望

第一节 研究总结

本书遵循 DMAIC 的"定义—测量—分析—改进—控制"流程，分别对耕地保护利益冲突的定义阶段、测量阶段、分析阶段、改进阶段和控制阶段进行了探讨，在前人研究的基础上，主要做了以下几方面的工作：

1. 借鉴西方管理理论中的利益相关者的有关思想，从紧密性和社会性两个维度出发，把耕地保护利益相关者分为首要的社会性利益相关者、次要的社会性利益相关者、首要的非社会利益相关者和次要的非社会性利益相关者四种类别。在耕地保护中，这些利益相关者之间发生纵向和横向的联系，多元化的利益主体、多样化的利益诉求、多途径的利益实现方式构成了一个错综复杂的耕地保护利益网络。

2. 从执行力角度出发，运用灰色关联分析法和协调度函数建构测度模型，基于"压力—状态—响应"模型定量评价了我国耕地保护政策的执行效果以认清我国现行耕地保护政策运行现状并查找出存在的问题。通过对全国 31 个省市耕地保护政策执行力的测度可以看出，现行的耕地保护政策，尽管对保护我国有限的耕地资源起到了一定的积极作用，但并没有达到预期目标。从省际之间的横向比较来看，"压力—状态—响应"系统协调度最高为黑龙江省 1.7799，最低海南省 1.5518。从单个省份来看，黑龙江省、江西省、安徽省的执行力排在前三位，说明这三个省份在全国来说耕地保护政策运行效果是较好的，但其耕地面积 1996～2012 年期间也是减少的。通过障碍度测算模型，发现建设用地增长是制约我国耕地保护绩效的最大障碍因子，是最关键影响的因素，说明我国农地非农化地压力较大，保护与建设的矛盾依然艰巨。同时，耕地产值在市场交易条件下还偏低，耕地保护的机会成本还较高。

3. 耕地保护利益冲突的产生主要植根于三大因素之中，从耕地保护的外部环境来看，耕地保护外部环境的区域非均衡性是耕地保护冲突产生的外在因素；从内在原因来看，耕地保护成本收益的非对称核算是耕地保护冲突产生的内生因素；从政策层面上来看，现行土地管理制度的不完善是造成耕地保护冲突的重要制度原因。

4. 提高耕地保护收益是管理耕地保护利益冲突的重要路径选择。提高耕地保护收益方面主要通过两种途径来解决，途径一是重构耕地的多功能价值，把耕地作为一种价值工程来开发，显化耕地资源的隐形价值；途径二是测算耕地保护的区域经济补偿，以矫正耕地保护的外部经济性。

一方面，通过测算表明，全国耕地资源社会价值平均为 14.80 万元/公顷，最高北京市 43.42 万元/公顷，最低黑龙江省 2.66 万元/公顷。从耕地资源社会总价值的构成来看，耕地最低生活保障价值占总价值的比重大部分省份在 70%～80% 区间内，说明在我国现阶段，耕地的社会保障功能显得尤其重要。耕地的生态服务功能价值占总价值比重全国平均为 49.96%，生态较为脆弱的西部地区所占比重较高，说明西部保护耕地，对当地的生态环境维护和改善具有极其重要的意义。

另一方面，依据耕地保护的机会成本损失和基于区域粮食安全所折算的耕地盈余或赤字量，测算了耕地保护区域间的经济补偿标准，以矫正耕地保护的外部经济损失。在不同情景模式下的测算结果表明，粮食主产区为主要的补偿对象，黑龙江省所得到的补偿金额最高，可获得 543.24 亿元/年，而东部地区大多为耕地保护外部效益补偿金的主要支付者，上海市需要支付的补偿金最多，最低也应支付421.79亿元/年。为了保障区域内粮食自给，一些地区维护粮食安全的成本会较高。在耕地保护过程中应该打破传统农业自给自足的封闭循环，遵循耕地保护机会成本的区域差异和区域土地利用的比较优势，统筹区域土地利用，使耕地保护成为实现农业区域专门化，取得规模经济效益和集聚效益的手段。

5. 提出了耕地保护利益冲突控制的总原则：共同但有区别的责任原则。耕地保护是全民共同的责任，但由于我国耕地保护外部环境的非均衡性和耕地保护机会成本损失差异等因素决定了耕地保护的责任又必须是有区别的。耕地保护共同但有区别责任是有机联系的统一整体，共同责任是基础，区别责任是对共同责任的限定，是贯彻该原则的关键。在耕地保护中，应该从单纯注重"共同责任"转变到"共同但有区别责任"的路径中来。在界定耕地保护共同但有区别责任的范畴基础上，为了使共同但有区别责任原则在耕地保护中得到更好的运用，提出了相应的管理措施：第一，耕地保护共同但有区别责任原则实施的前提条件：耕地保护区域的划分及其建设管理；第二，耕地保护共同但有区别责任原则实施的保障条件：以耕地保护为契机，建立区域协作与联动机制。

6. 耕地保护责任审计基于地方政府的公共受托责任，从审计学角度探讨地方政府耕地保护责任的外部监督，为提高耕地保护利益冲突的控制能力建设提供新的制度视角。地方政府作为公共受托责任人，其"经济人"的逆向选择和道德风险是地方政府耕地保护责任审计制度产生和发展的内在原因。地方政府耕地保护责任不只体现在数量规模的控制方面，它有更宽泛的内涵。地方政府保护耕地实质上是履行其受托责任，包括耕地保护的报告责任、财务责任和管理责任，审计将在这三种受托责任中发挥作用。构建了耕地保护责任审计的具体项目内容，分析了耕地保护责任审计模式选择及其实施条件。通过对地方政府耕地保护责任的国家或社会审计，可以将委托人的监督权力最大限度地显现化，从而降低代理成本，增加代理人的违约风险。

第二节 研究展望

本书的研究仍有许多不足，存在以下问题有待进一步研究：

1. 由于目前共同但有区别责任原则主要是适用于国际环境法领域，不同耕地保护主体之间的博弈可能会延缓甚至阻碍这一原则的落实，要将其适用于一国具体实践中会面临一些问题。耕地保护共同但有区别责任原则强调共同责任和有区别责任，但是至于责任如何更好地界定及统一，耕地保护区域如何划定，对这些问题的回答尚需不断地深入探索。

2. 在核算耕地资源多功能价值中，尤其是对全国各个省份耕地价值的核算，限于目前我国社会经济调查以及统计口径的不完全一致，本书还无法对耕地资源的总价值进行精确的定量测算，对耕地资源的生态价值和社会价值体现仍不完全。今后应对耕地生态与社会价值的测算方法做进一步的研究，以提高测算的精度，为全国省际层面上耕地资源的合理配置决策和统筹利用提供理论依据和技术支撑。

3. 如何矫正耕地保护的外部经济损失是一个极其重要而又非常复杂的问题。尽管本书依据耕地保护的机会成本损失和基于区域粮食安全所折算的耕地盈亏量，探讨性的对耕地保护区域经济补偿标准进行了测算，但不可避免地还是存在一些问题。例如，由于资料的限制，未能考虑省区内粮食储备量，省区粮食消费量中占全国进口粮食总量的比重、人口流动对省区粮食消费量的影响、东部地区为中西部地区外来务工人员提供了更好的就业机会而增加收入，实质上也是一种补偿，而这种补偿未能定量化并从所测算的补偿标准中剥离，这些因素都会导致所测算出的补偿标准偏高；同时，核算的基础数据处理只是以 1996~2005 年现状数据为基础，未对粮食供需量、复种指数、粮食和农作物总播种面积等数据的变化趋势进行预测，也影响了补偿金额的精度，这些问题的解决尚需进一步的研究。

4. 地方政府耕地保护责任的审计探讨，还只是一个方向性的设想，要转化为实践还有许多工作要做，"如果羊圈里有一个缺口，过不了一夜你就会发现一只羊也不会在了"，地方政府耕地保护事业绩效审计制度无疑就是这样一个"羊圈"，而要构建好这个"羊圈"还须不断地深入探索和完善。同时，在本书中并没有结合相关的案例加以佐证，对于理论的可行性以及对制度建立后的一系列配套机制还需进一步深入探讨。

5. 耕地保护区的发展问题。产粮区如何进行优化产业结构和实现产业结构升级；粮食主销区与主产区如何进行经济分工和区域合作，是耕地保护过程中目前亟待加强研究的问题。在确保耕地目标完成的情况下，把耕地保护纳入区域协调发展中，形成合理的区域分工和协作，使耕地保护成为实现区域生产专门化，取得规模经济效益和集聚效益的手段，有助于丰富区域管理内容。

参考文献

一、外文译著

[1]［美］福里斯特·W·布雷弗格三世,詹姆斯·M·卡佩罗,贝基·梅多斯.六西格玛实施指南——战略视角与管理方法[M].北京:中国人民大学出版社,2003.

[2]［美］科塞著.孙立平等译.社会冲突的功能[M].北京:华夏出版社,1989.

[3]［德］达仁多夫著.林荣远译.现代社会冲突——自由政治随感[M].北京:中国社会科学出版社,2006.

[4]［澳］彼得·康戴夫.冲突事务管理——理论与实践[M].北京:世界图书出版公司,1998.

[5]［美］科里·帕特森,约瑟夫·格雷尼,让·麦克米兰等.冲突与解决[M].北京:中国财政经济出版社,2000.

[6]［美］理查德·E·沃尔顿著,李建国等译.冲突管理[M].石家庄:河北科学技术出版社,1992.

[7]［美］R.B.迈尔森著.于寅,费剑平译.博弈论——矛盾冲突分析[M].北京:中国经济出版社,2001.

[8]［美］梅萨罗维克,［德］佩斯特尔.人类处于转折点[M].上海:上海三联书店,1987.

[9]［美］伦德纳·D·怀特.彭和平等编译.公共行政学研究导论,国外公共行政理论精选[M].北京:中共中央党校出版社,1997:46.

[10] Brown L. R. Who Will Feed China? Wake-up Call for a

Small Planet [M]. New York: World Watch Institute, 1995.

[11] Rahim M. A. Managing Conflict in Organization [M]. New York: Praeger Publisher, 1992.

二、英文论文

[1] Elzinga D. J., Horak T., Chung-Yee L., Bruner C. Business Process Management: Survey and Methodology [J]. IEEE Transactions on Engineering Management, 1995, 24 (2): 119.

[2] Zairi M. Business process management: a boundary less approach to modern competitiveness [J]. Business Process Management Journal, 1997, 3 (1): 64 - 80.

[3] DeToro I., McCabe T. How to stay flexible and elude fashions [J]. Quality Progress, 1997, 30 (3): 55 - 60.

[4] Bob Puccinelli. Stages for BPM success [J]. AIIM E-Doc Magazine, 2003, 17 (3): 12.

[5] Jehn K. A. Enhancing effectiveness: An investigation of advantages and disadvantages of value-based intra-groupconflict [J]. The International Journal of Conflict Management, 1994, 5: 223 - 238.

[6] Rahim M. A. Managing Conflict in Organization [M]. New York: Praeger Publisher, 1992.

[7] Jehn K. A. A qualitative analysis of conflict types and dimensions in organizational groups [J]. Administrative Science Quarterly, 1997, 42 (3): 530 - 557.

[8] Kurtzberg T. R., Mueller J. S. The influence of daily conflict on perceptions of creativity: A longitudinalstudy [J]. The International Journal of Conflict Management, 2005, 16 (4): 335 - 353.

[9] Barki H., Hartwick J. Conceptualizing the construct of interpersonal conflict [J]. The International Journal of Conflict Management, 2004, 15 (3): 216 - 244.

[10] Nelson A. C. Demand, segmentation, and timing effects of

an urban containment program of urban fringe land values [J]. Urban Studies, 1985, 22 (3): 439 -443.

[11] Nelson A. C. Using land markets to evaluate urban containment programs [J]. Journal of the American Planning Association, 1986, 52 (2): 156 -171.

[12] Nelson A. C. A unifying view of greenbelt influences on regional land values and implications for regional planning policy [J]. Growth and Change, 1985, 16 (2): 43 -48.

[13] Kuran T. Sparks and prairie fires: a theory of unanticipated political revolution [A]. U. Witt. Evolutionary Economics [C]. Cheltenham: Edward Elgar Press, 1993: 41 -75.

[14] Lavigne D. P. Harmonizing formal law and customary land rights in French speaking West Africa [A]. Toulmin C., Quan J. Evolving Land Rights, Policy, and Tenure in Africa [C]. London: International Institute for Environment and Development, 2000: 6 -7.

[15] Barlowe R. Land resource economies [J]. The Economics of Real Estate, 1986: 509 -551.

[16] Jeffrey K., Dennis W. Public preferences regarding the goals of farmland preservation programs: Reply Land Economics [J]. Madison, 1998, 74 (4): 566.

[17] Lankoski J., Ollikainen M. Agri-environmental externalities: a framework for designing targeted policies [J]. European Review of Agricultural Economics, 2003, 30 (1): 51 -75.

[18] Costanza R. The value of the world's ecosystem service and natural capital [J]. Nature, 1997, 387 (15): 253 -260.

[19] George J., Jean L., Coleman D. G. Feed lots and land use conflict [EB/OL]. http://www.asu.edu/caed/proceedings/JOHNSON/Johnson.html, 2002.

[20] Lorne O., Wayne H., Mark W. Conflicts on over farming

practices in Canada: the role of interactive conflict resolution approaches [J]. Journal of Rural Studies, 2000, 16: 475 -483.

[21] Lu C. H. , Van M. K. , Rabbinge R. A scenario exploration of strategic land use options for the Loess Plateau in northern China [J]. Agricultural Systems, 2004, (79): 145 -170.

[22] Knaap G. J. The price effects of an urban growth boundary in metropolitan Portland, Oregon [J]. Land Economics, 1985, 61 (1): 26 -35.

[23] Freeman R. E. , Evan W. M. Corporate governance: A stakeholder interpretation [J]. Journal of behavioral economics 1990, 19: 337 -359.

[24] Wheeler D. , Maria S. Including the Stakeholders: The Business Cade [J]. Long Range Planning, 1998, 31 (2): 201 -210.

[25] Organization for Economic Cooperation and Development (OECD). OECD Environmental Indicators: Development Measurement and Use [EB/OL]. http://www.oecd.org/dataoecd/7/47/24993546.pdf, 2004 -05 -20.

[26] Yang H. , Li X. B. Cultivated land and food supply in China [J]. Land Use Policy, 2000 (17): 73 -88.

[27] Wei Li, Tingting Feng, Jinmin Hao. The evolving concepts of land administration in China: cultivated land protection perspective [J]. Land Use Policy, 2009, 26: 262 -272.

[28] FAO. Potential population-supporting capacities of lands in the developing world [R]. FPA/INT/513, Rome, 1982.

[29] Fellini F. , Gilbert J. , Wahl T. I. , Wandschneider P. Trade policy, Biotechnology and grain self-sufficiency in China [J]. Agricultural Economics, 2003 (28): 173 -186.

[30] James M. Patton. Accountability and governmental financial reporting [J]. Financial Accountability & Management, 1992 (3):

165 – 180.

[31] Ron Kluvers. Accountability for performance in local government [J]. Australian Journal of Public Administration, 2003 (3): 57 – 69.

[32] Andrew Gray, Bill Jenkins. Codes of accountability in the new public sector [J]. Accounting, Auditing & Accountability Journal, 1993 (3): 52 – 67.

[33] Barbara S. Romzek, Melvin J. Dubnick. Accountability in the public sector: Lessons from the challenger tragedy [J]. Public Administration Review, 1987 (5/6): 228.

三、中文著作

[1] 温明炬, 唐程杰. 中国耕地后备资源 [M]. 北京: 中国大地出版社, 2005: 56 – 57.

[2] 王玉荣. 流程管理 [M]. 北京: 机械工业出版社, 2002.

[3] 马林, 何桢. 六西格玛管理 [M]. 北京: 中国人民大学出版社, 2007.

[4] 张玉堂. 利益论: 关于利益冲突与协调问题的研究 [M]. 武汉: 武汉大学出版社, 2001.

[5] 中国西南森林资源冲突管理案例研究项目组. 冲突与冲突管理——中国西南森林资源冲突管理的新思路 [M]. 北京: 人民出版社, 2002.

[6] 中国西南森林资源冲突管理研究项目组. 冲突管理: 森林资源管理新理念 [M]. 北京: 人民出版社, 2004.

[7] 唐健, 卢艳霞. 我国耕地保护制度研究——理论与实证 [M]. 北京: 中国大地出版社, 2006: 20, 111, 113.

[8] 刘卫东, 罗吕榕, 彭俊. 城市土地资产经营与管理 [M]. 北京: 科学出版社, 2004: 8 – 9, 20, 28 – 30, 121.

[9] 吴次芳, 谭荣. 农地保护层次论 [M]. 北京: 地质出版

社，2010：40－78.

［10］刘思峰，党耀国，张岐山. 灰色系统理论及其应用（第三版）［M］. 北京：科学出版社，2004：54－83.

［11］吴大进. 协同学原理和应用［M］. 武汉：华中理工大学出版社，1999：1－3.

［12］周永亮. 本土化执行力模式［M］. 北京：中国发展出版社，2004：211－213.

［13］胡靖. 入世与中国渐进式粮食安全［M］. 北京：中国社会科学出版社，2003：268.

［14］韩德培. 环境保护法教程［M］. 北京：法律出版社，1998：338.

［15］周训芳. 环境法学［M］. 北京：中国林业出版社，2000：297.

［16］汪明生，朱斌妤. 冲突管理［M］. 北京：九州出版社，2001.

四、中文论文

［1］赵松乔. 我国耕地资源的地理分布和合理开发利用［J］. 资源科学，1984（1）：13－20.

［2］张琳，张凤荣，薛永森等. 中国各省耕地数量占补平衡趋势预测［J］. 资源科学，2007，29（6）：114－120.

［3］黄艾舟，梅绍祖. 超越BPR——流程管理的管理思想研究［J］. 科学学与科学技术管理，2002（12）：105－107.

［4］何桢，车建国. 精益六西格玛：新竞争优势的来源［J］. 天津大学学报（社会科学版），2005（5）：321－325.

［5］苏万春. 基于六西格玛管理的服务补救系统模型构建［J］. 沿海企业与科技，2008（7）：60－64.

［6］吴玉梅. DMAIC过程中控制阶段研究［J］. 现代商贸工业，2009（23）：56－58.

[7] 曹康. 精益六西格玛方法在 SM 公司生产线的应用 [J]. 包装工程, 2006 (5): 32-34.

[8] 张素姣, 田霞, 冯珍. 六西格玛 DMAIC 方法在产品质量改进中的应用 [J]. 科技管理研究, 2010 (6): 56-59.

[9] 隋丽辉, 王冬梅. 六西格玛 DMAIC 方法在提高产品加工过程能力中的应用 [J]. 上海电机学院学报, 2013, 16 (5): 277-278.

[10] 吴伟强, 李从东. 面向运输企业的六西格玛管理法应用研究 [J]. 生产力研究, 2006 (6): 189-190.

[11] 李爱香. 浅谈六西格玛管理在服务性企业的运用 [J]. 经济管理论坛, 2005 (10): 6-7.

[12] 李伟峰. 我国零售业六西格玛管理研究 [D]. 天津: 天津大学论文, 2009.

[13] 焦健. 六西格玛管理方法在供应商管理中的应用研究 [D]. 上海: 上海交通大学论文, 2007.

[14] 庄迅. DMAIC 模型在项目冲突管理中的应用 [J]. 项目管理技术, 2010, 8 (9): 75-79.

[15] 马建新. 冲突管理: 基本理念与思维方法的研究 [J]. 大连理工大学学报 (社会科学版), 2002, 23 (3): 19-26.

[16] 殷少明. 基于关系营销理论的渠道冲突管理 [J]. 商业时代, 2008 (28): 23-24.

[17] 王倩茹. 冲突管理视角下的公共决策咨询 [J]. 行政论坛, 2010 (1): 44-48.

[18] 刘智勇, 陈晓红. 群决策冲突过程中的均衡分析 [J]. 系统工程, 2009, 27 (2): 109-113.

[19] 俞文华. 发达与欠发达地区耕地保护行为中的利益机制分析 [J]. 中国人口·资源与环境, 1997, 7 (4): 23-27.

[20] 曲福田, 冯淑怡. 中国农地保护及其制度研究 [J]. 南京农业大学学报, 1998, 21 (3): 110-115.

[21] 吴次芳,谭永忠. 制度缺陷与耕地保护 [J]. 管理世界, 2002 (7): 69-73.

[22] 钱忠好. 耕地保护的行动逻辑及其经济分析 [J]. 扬州大学学报(人文社会科学版), 2002, 6 (1): 32-37.

[23] 谭荣, 曲福田, 郭忠兴. 中国耕地非农化对经济增长贡献的地区差异分析 [J]. 长江流域资源与环境, 2005: 278-281.

[24] 朱新华, 梁亚荣. 耕地保护制度中的利益冲突与公共政策选择 [J]. 海南大学学报(人文社会科学版), 2008: 529-533.

[25] 汪阳洁, 张静. 基于区域发展视角的耕地保护政策失灵及对策选择 [J]. 中国人口·资源与环境, 2009, 19 (1): 76-80.

[26] 张全景, 欧名豪, 王万茂. 中国土地用途管制制度的耕地保护绩效及其区域差异研究 [J]. 中国土地科学, 2008, 22 (9): 8-14.

[27] 郭春华. 我国耕地保护的主体行为及其对策建议 [J]. 现代经济探讨, 2005 (3): 28-31.

[28] 陈美球, 洪土林, 许兵杰等. 我国耕地保护的社会责任及对策分析 [J]. 中州学刊, 2008, 9 (5): 119-214.

[29] 陈美球, 魏晓华, 刘桃菊. 海外耕地保护的社会化扶持对策及其启示 [J]. 中国人口·资源与环境, 2009, 19 (3): 70-75.

[30] 邹晓云, 张琦, 王宏新. 耕地保护社会约束机制建设研究: 社会约束力量缺失的成因 [J]. 中国土地, 2009 (10): 22-24.

[31] 邹晓云, 张琦, 王宏新. 耕地保护社会约束机制建设研究之一: 理论来源及异域经验 [J]. 中国土地, 2009 (10): 34-36.

[32] 谢高地, 鲁春霞, 成升魁. 全球生态系统服务价值评估研究进展 [J]. 资源科学, 2001, 23 (6): 5-9.

[33] 周建春. 耕地估价理论与方法研究 [D]. 南京: 南京农业大学论文, 2005.

[34] 王瑞雪. 耕地非市场价值评估理论方法与实践 [D]. 湖北: 华中农业大学论文, 2005.

[35] 蔡运龙. 耕地保护必须政府干预与市场机制相结合 [J]. 中国土地, 1997 (11): 26-27.

[36] 孙海兵, 张安录. 农地外部效益保护研究 [J]. 中国土地科学, 2006, 20 (3): 9-12.

[37] 王雨濛. 耕地利用的外部性分析与效益补偿 [J]. 农业经济问题, 2007 (3): 52-56.

[38] 张效军, 欧名豪, 李景刚等. 对构建耕地保护区域补偿机制的设想 [J]. 农业现代化研究, 2006, 27 (3): 144-152.

[39] 刘卫东. 耕地多功能保护问题研究 [J]. 国土资源科技管理, 2008, 25 (1): 1-5.

[40] 丁成日. 美国土地开发权转让制度及其对中国耕地保护的启示 [J]. 中国土地科学, 2008, 22 (3): 74-80.

[41] 贾生华, 陈宏辉. 利益相关者的界定方法述评 [J]. 外国经济与管理, 2002 (5): 13-19.

[42] 任广浩, 叶立周. 论权利冲突——以利益冲突为线索的考察 [J]. 河北法学, 2004, 22 (8): 71-72.

[43] 付俊文, 赵红. 利益相关者理论综述 [J]. 首都经济贸易大学学报, 2006 (2): 16-22.

[44] 蔡运龙. 中国农村转型与耕地保护机制 [J]. 地理科学, 2001, 21 (1): 4.

[45] 谭峻, 戴银萍, 高伟. 浙江省基本农田易地有偿代保制度个案分析 [J]. 管理世界, 2004 (3): 105-111.

[46] 刘新平, 朱圆甜, 罗桥顺. 省际间易地开发耕地占补平衡指标置换的思考 [J]. 国土资源导刊, 2006 (6): 15-16.

[47] 方斌, 倪绍祥, 邱文娟. 耕地保护易地补充的经济补偿的思路与模式 [J]. 云南师范大学学报(哲学社会科学版), 2009, 41 (1): 49-55.

[48] 刘卫东. 上海城郊非农化与城镇化合理发展 [J]. 工业技术经济, 1997, 16 (4): 51-52.

[49] 莫勇波. 政府执行力：当前公共行政研究的新课题 [J]. 中山大学学报, 2005 (45): 68.

[50] 党安荣, 阎守邕, 吴宏岐等. 基于 GIS 的中国土地生产潜力研究 [J]. 生态学报, 2000, 20 (6): 910-915.

[51] 金凤君, 王成金, 李秀伟. 中国区域交通优势的甄别方法及应用分析 [J]. 地理学报, 2008, 63 (8): 777-798.

[52] 胡靖. 粮食非对称核算与机会成本补偿 [J]. 中国农村观察, 1998 (5): 36-41.

[53] 胡靖. 非对称核算理论与农户属性 [J]. 开放时代, 2005 (6): 94.

[54] 胡靖. 农业的交换地位与政策空间 [J]. 农业经济问题, 1995 (2): 43.

[55] 周雁辉, 周雁武, 李莲秀. 我国耕地面积锐减的原因和对策 [J]. 社会科学家, 2006 (3): 132-137.

[56] 刘学军. 效率与风险：耕地撂荒与耕地保护的政治经济学 [J]. 学术论坛, 2008 (8): 105-109.

[57] 贾绍凤, 张军岩. 日本城市化中的耕地变动与经验 [J]. 中国人口·资源与环境, 2003, 13 (1): 31-34.

[58] 张兵, 古继宝. 中外城市群发展经验及其对山东半岛城市群的启示 [J]. 城市发展研究, 2006 (3): 39-41.

[59] 宋敏, 横川洋, 胡柏. 用假设市场评价法 (CVM) 评价农地的外部效益 [J]. 中国土地科学, 2000, 14 (3): 20-22.

[60] 乐波. 欧盟的农业环境保护政策 [J]. 湖北社会科学, 2007 (3): 97-100.

[61] 任继周. 论华夏农耕文化发展过程及其重农思想的演替 [J]. 中国农史, 2005, 24 (2): 53-58.

[62] 赵华甫, 张凤荣, 许月卿等. 北京城市居民需要导向下的耕地功能保护 [J]. 资源科学. 2007, 29 (1): 56-62.

[63] 刘灵芝, 王雅鹏. 我国农村家庭教育支出的地区比较研

究 [J]. 商业时代, 2006 (1): 48-52.

[64] 韩睿娟. 农村家庭收放与高等教育支出关系研究 [D]. 河南: 河南师范大学论文, 2011.

[65] 史培军, 杨明川. 中国粮食自给率水平与安全性研究 [J]. 北京师范大学学报 (社会科学版), 1999, 156 (6): 70-80.

[66] 陈百明, 周小萍. 中国粮食自给率与耕地资源安全底线的探讨 [J]. 经济地理, 2005, 25 (2): 145-148.

[67] 蔡运龙, 霍雅勤. 中国耕地价值重建方法与案例研究 [J]. 地理学报, 2006, (10): 1084-1092.

[68] 贺锡苹, 张小华. 耕地资产核算方法与实例分析 [J]. 中国土地科学, 1994, 8 (6): 24-27.

[69] 刘卫东. 论耕地保护认识的误区 [J]. 中国经济与管理科学, 2008, 9 (3): 8-10.

[70] 中国粮食经济学会. 国家粮食安全战略研究和政策建议 [J]. 中国粮食经济, 2005 (3): 8-11.

[71] 黄小虎, 边江泽. 论耕地总量动态平衡 [J]. 中国农村经济, 2000 (1): 39-42.

[72] 杨兴. 试论国际环境法的共同但有区别的责任原则 [J]. 时代法学, 2003 (1): 83-93.

[73] 吴次芳, 叶艳妹. 土地利用中的伦理学问题探讨 [J]. 浙江大学学报 (人文社会科学版), 2001 (2): 13.

[74] 李秀彬. 中国近20年来耕地面积的变化及其政策启示 [J]. 自然资源学报, 1999, 14 (4): 329-334.

[75] 郭贯成, 吴群. 基于委托—代理理论析中国耕地保护体制障碍 [J]. 中国土地科学, 2005, 22 (4): 50-51.

[76] 刘秋明. 基于公共受托责任理论的政府绩效审计研究 [D]. 厦门: 厦门大学论文, 2006: 30-40.